清明上河图
里的宋代生活

运笔成金 著

五洲传播出版社·北京

China Intercontinental Press

　　严格来说，宋朝并不是一个大一统的王朝，但其文明之昌盛、经济之富庶胜过汉唐。故而，国学大师陈寅恪曾言："华夏民族之文化，历数千载之演进，造极于赵宋之世。"宋朝是一部大书，只有读懂这部大书，才能真正理解中华文明的精华。

　　成画于两宋之际的《清明上河图》，生动地再现了宋朝的社会风貌和各个阶层的生活实景，将大宋王朝具象地呈现在我们面前，无论是艺术价值还是历史价值都有着不可替代的重要地位。

　　宋朝，从纷纷扰扰的五代走来，到金戈铁马的元朝结束，温婉而知性，烟火气十足，仿佛是历史对华夏最温柔的回馈。《清明上河图》正是这回馈里最亮眼的一笔。细观画卷，通过作者留下的各种线索，便可穿越千年，解读大宋王朝兴衰成败的密码。

　　本书以人物作为切入点，把那些我们从小就耳熟能详的宋代词人从曼妙的水墨中请出来，带我们畅游汴京，细细品味那段历史。宋人的才情不仅体现在画里，也体现在那千百年来不朽的文章中，更体现在渗透到我们骨髓里的词句上。

北宋承接五代后周的衣钵，揆文奋武，用了两代人的时间结束了五代十国的乱世；大兴科举，让盛唐以来的华夏文脉得以传承并发扬光大；文化昌隆，涌现出如范仲淹、王安石、司马光、苏轼等彪炳史册的杰出名臣。

诚然，安逸的生活让北宋后期朝堂腐败，文恬武嬉，"三冗两积"的弊端愈发严重，但政治上长期的灿然文治却让社会呈现出前所未有的繁荣和稳定，生产力的大发展带动了社会的全面进步，社会风尚相较过往有了较大的改变。宋代社会上承隋唐，下启明清，成为中国历史上社会转型的关键阶段。

经济上的蓬勃发展更是两宋引以为傲的资本。交子的出现让商品流通更加便利，坊市界限的打破则让商业呈现出前所未有的活力。横亘在长城内外的丝路，串联着大江南北的漕渠，以及遍布在四海远洋的巨舶，无不昭示着一个崭新时代的到来。宋朝以其前所未有的包容姿态，迎接着四海宾朋，彰显着无与伦比的自信与活力。

宋朝在科技上的成就也是独树一帜，"四大发明"有三个与宋人的贡献密不可分。技术的进步离不开经济的发展，经济的发展又得益于技术的进步，印刷、航海、陶瓷、医药等领域的革新让宋代呈现出前所未有的繁荣与兴旺。

除了政治、经济、科技等领域的建树，文化的长盛不衰更是大宋王朝最亮丽的名片。虽然有宋一朝在对外征伐上鲜有胜绩，却用灿烂的文化征服了内外番邦，用辉煌的典章影响了海内寰宇，套用今天的一个词叫"文化软实力"。不得不说，在文化上，宋朝是当时东方世界的绝对中心。

这其中，最具特色的还要数两宋的市民文化。随着城市的发展、人口的增加，北宋衍生出独特的市民文化。勾栏瓦舍之间，南腔北调，车马穿梭，屋宇城垣之下人头攒动，联袂成荫。无论是在高墙大院，还是在市井街头，衣着礼俗的嬗变、饮食风尚的更迭均深深地影响到每一个人，成为这个时代的鲜明烙印。

除此之外，文学、艺术领域的成就更是不胜枚举，涌现出了苏轼、李清照、辛弃疾等不朽的词人和王希孟、张择端乃至宋徽宗等杰出的画家。优美的宋词让人们记住了宋代文人的婉约与豪放，精致的宋画则让人们流连在一片栩栩如生的丹青水墨之中。

相比汉画的威严、晋画的高冷、唐画的雍容，宋画多了几许世俗的烟火气，在它的身上总能或多或少地寻觅到熟悉的影子。

宋画取材广泛，笔触细腻，善于描摹工笔，捕捉细节。在宋人的意象中，极少能看到江山千里的豪迈，也不曾见过"长河落日"的孤雄，有的是那一抹青绿勾勒的明山秀水，是一笔笔线条描绘的市井沧桑。

《清明上河图》是宋画中最具代表性的风俗画，色调淡雅却内藏乾坤，让后世众多书画大家争相临摹，以至于后来有不同风格、不同朝代的《清明上河图》传世，而唯有北京故宫博物院的"石渠宝笈三编本"被认定为张择端真迹。后人的仿品可以看作是这幅伟大画作在不同时空的延伸。

稀疏的草木、拥挤的店铺、喧闹的街市、静谧的村庄，还有那条波光粼粼的汴河，千百年来承载着多少繁华，多少喜乐，多少萧瑟，多少愁苦。"恰似一江春水向东流"式的洒脱，带走的是后人无数个汴京梦华的夜晚。

汴京城，作为北宋都城和当时最大的商业城市，无疑是大宋王朝的一颗璀璨明珠。这里有辉煌的宫殿、整齐的街坊、喧闹的夜市、琳琅的店家，波光粼粼的汴河上航行着南来北往的货船，黄尘滚滚的官道上疾驰着西去东来的驿马。近百万黎庶生活在这片土地上，农工商贾熙来攘往，天下的饱学之士四通辐辏，汇聚于此。

也许就在某个清晨，画家望着汴河上穿梭的货船，听着汴河两岸的人间笑语，思绪万千，勾笔从容，一幅精妙绝伦的工笔风俗画——《清明上河图》问世了。画中的一砖一瓦、一草一木，都深深地镌刻在中华文明的发展史册上，成为我们全民族的集体记忆。

张择端，字正道，今山东诸城人，北宋著名画家。张择端早年游学开封，后研习绘画技法，宋徽宗时得以供职翰林图画院。张择端尤其擅长描绘车马、舟船、桥梁、市井、城郭。作品有《西湖争标图》《清明上河图》等。

目 录

第一章

春风拂槛露华浓

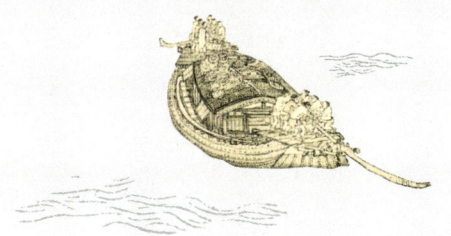

初见

　　《清明上河图》是北宋画家张择端所绘的风俗画，全画长528.7厘米、宽24.8厘米，现存于北京故宫博物院。关于此图名字的由来，学界一般的看法是与汴河有关，"上河"指的就是汴河，顾名思义，此图描绘的是清明时节汴京城的汴河两岸风光。

　　全图大致分为三个部分，采用中国传统的散点透视法，移步换景式地娓娓道来，以长卷的画幅生动细致地展示了北宋后期汴京的市井风貌，用极其细腻的笔法描绘了汴京的街道、建筑、人物和草木景观，生动直观地再现了汴京城的繁华景象。

郊外景色

　　从画卷右侧，随着卷轴的徐徐打开，清明时节汴京城外烟雨中，小溪旁缓缓行来一支小商队，几匹羸弱的毛驴由于负重显得苦不堪言，领头的马夫牵引着毛驴，不断修正着行进的路线，驮夫则在背后吆喝着，似乎要过河的样子。

　　越过小桥，则是几间低矮的村舍，另有几株高大的树木错落有致地

汴京城外的小商队　（宋）张择端《清明上河图》（局部）

春游归来　（宋）张择端《清明上河图》（局部）

分布在房子的周围，显得恬静而和谐。

画面继续向左，几株茂盛的灌木映入眼帘。树旁的小路上熙熙攘攘地走过一队行人。有人猜测，中间的一顶小轿里坐着一位夫人，后面骑着高头大马的则是相公。时值早春，紧跟在轿子后面的仆人挑着刚打获的野物，如此满载而归的春游，真是羡煞旁人。

又或许，这是一队娶亲的人马，为首的仆人鸣锣开道，趁着春色正好，吹吹打打地走过。这一幕让旁边玩耍的孩童忽视了飞驰而来的骏马。何事让马匹如此惊慌？以至于让千年之后的我们看到还是忍不住替这孩子捏一把汗。

绕过几组院墙，几个在冷风中瑟瑟发抖的路人艰难地踱着步子。乍暖还寒，他们是去扫墓吗？后人不得而知，但有一点可以确定，此时的天气必定还很凉。

继续向西，便进入了人烟逐渐喧闹的街市，草庐搭成的酒家内，两个客人对面而坐，一个人仿佛被旁边拴着的驴叫声惊动，扭头望去。

酒家的另一端，衣不蔽体的挑夫把扁担扔在路边。他一面向店内张望，一面在衣服里找着什么。可怜卖苦力的挑夫，找了半天竟连一枚付茶水的铜板也找不到。

街上，举着卦幡的算命先生正抬手去拦面前的过路人，这一幕引得旁边走过的行人也侧目驻足。

再往左，就到了汴河岸边了。槽船的主人正指挥着伙计们卸粮，身后则是临近码头的饭铺，可能因为活没干完吧，饭铺里还不见有人吃饭。

汴河两岸

汴河自古就是漕运要道，尤其到了北宋中后期更是如此。正所谓"国家根本，仰给东南"，这里已经成为朝廷连接东南财富之地的生命线和"黄金水道"，繁忙的汴河漕运成为常态，由此催生出繁荣的商业也深刻改变着京城周边的面貌。

几条大商船像是刚刚卸货，还有几艘宽大的客船停在岸边，汴河两岸的景色深深吸引着船上的人。正下方的一艘客船里，一对母女正凭窗眺望，或许她们此刻也沉浸在早春汴京的美景里了。岸边酒家的旗子被风吹得卷了起来，两个人在旗下愉快地交谈着，似有把酒言欢之意。

转过街角，几匹瘦驴正拉着一车货物向前，车上隐约可见写着字的破旧屏风。宋代文化鼎盛，文人骚客的墨宝随处可见，人们更是习惯了在屏风甚至墙壁上题写诗文。

画面继续向西舒展，只见一艘船的船尾处，众人摇着大橹，泛起阵阵水花，而船头一侧则被巧妙地隐藏在繁茂的树叶中。

越过这艘船，河道紧收，两岸忽然喧闹起来，鳞次栉比的门店、码头还有铺面将画面推向了一个高潮。

最中心的位置，就是那座千百年来让人们魂牵梦萦的汴河虹桥。之所以叫"虹桥"，是因为它通身流线、美若飞虹的优雅造型。精巧的木质结构不仅坚固耐用，而且设计华丽，既沟通汴河两岸，方便了人们的生活，也成为此地一道美丽的风景。

只见一条吃水过深的客船正欲穿过桥下。由于河道变窄，水流变急，船工来不及反应，高高的桅杆还未降下，眼看就要撞上虹桥了。众人拼命拉住桅杆的绳子，放倒桅杆，而站在船头的几个人则拼命大喊，伸手指着面前湍急的水流。船身一侧，多位船工用力撑着杆，努力改变客船的姿态以求调整方向。

千钧一发之际，一位船工奋力用长杆顶住了桥梁。而此刻，桥上靠近船的一侧早已人满为患。人们或紧张围观，或惊呼不已，几个胆大的人越过桥上的围栏，伸手抛出绳子以防止船工落水。

水泄不通的虹桥上，此刻人声鼎沸，喊叫声、议论声不绝于耳。桥上的行人都在注视着大船，以至于纷纷停下了脚步。桥面两侧的摊位已经使本就不宽的虹桥堵塞难行，而人流中，相向而行的软轿里的文官和马上的武官更是互不相让，随从为了护主而大声吵了起来。而这一切，在热闹的虹桥上每天不知要发生多少回，人们早已司空见惯。唯有一侧的杂货摊主冷眼旁观着这一切，这大概就是人生吧。

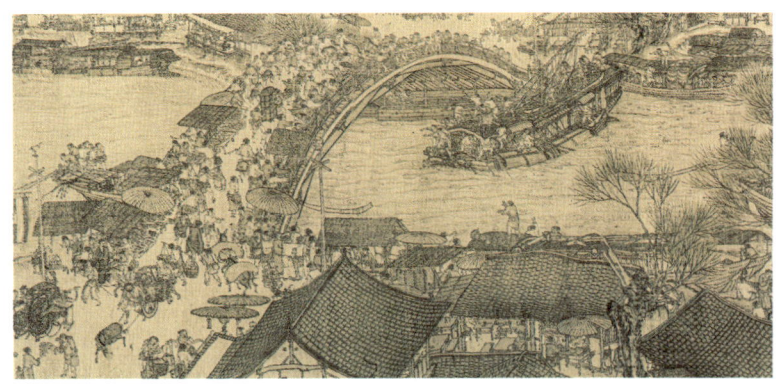

汴河虹桥　（宋）张择端《清明上河图》（局部）

市井风貌

从虹桥上下来，穿过摩肩接踵的人群，映入眼帘的是街市两边更加喧闹的铺面和门店。这条街连接着虹桥，一直延伸到画面下方尽头，给我们无限的想象。

这条街，贩夫走卒走得，达官显贵也走得，读书人走得，种田人也走得，数百年来，它和虹桥一起，见证了汴河两岸繁华的过往与世事的变迁。

路当间，一个挑着扁担的小哥正回头张望，仿佛没有发现就要和前方笨重的独轮车撞上了。一侧，贩卖铁器的小摊上，几个人正热闹地攀谈着。一匹高头大马走过，马上身着长衫的人非富即贵，正朝街上张望着，任由牵马的小厮领着向西走。

河边的酒肆里生意正好，高高悬挂的酒旗招揽着往来的路人。酒肆旁边是一家名曰"十千"的脚店。所谓脚店，是指供客人临时休息的客店，为招揽生意，通常会在二楼的僻静处安排雅间。可面对如此吵闹的街市，即使二楼也未必安静。

越过几间青砖瓦房的屋顶，画面骤然一变，汴河转弯北去，几艘大船也随着波涛尽数消失在画面的上方。

岸边，掠过停靠的几艘船舶，一排临河的店铺再次出现在眼前，不过与之前不同，这些店铺的门面大都开向另一侧的街道。路边的茶坊里，几个闲散的茶客正海阔天空地畅聊着。宋代，喝茶已经成为一种时尚，在普通百姓间广为流传。

转过街角的一条小巷里，一家制作木车的作坊沿街开着，一只硕大的车轮平躺在地上，旁边一位木匠正细心地修理着，而另一位坐着的木匠则用类似刨子的工具打磨着木料。宋代木制品的制作工艺已经达到很高的水平，修车技艺相比今天也毫不逊色。

街对面的摊位上，一位老者正盘腿坐着，一群人围着他，耐心地听他介绍面前的货品，如此现场直播式的销售，看着有没有很熟悉？

转过头来，路口的茶肆里客人不多，但从桌椅数量上看得出，这家茶肆平日的生意应该十分红火。毕竟，喝茶的风俗此刻已"飞入寻常百姓家"了。

茶肆后面，绕过一棵大柳树，有一家算命摊子。中间的老者正襟危坐，一边算命，一边侧目打量着求算的男子。在宋代，算卦之风盛行，人们在出行、乔迁，甚至赶考之前都会找算命先生占卜前程。于是，这个行当也水涨船高，只要自称"半仙"，便总会有人来求仙卜卦。

继续向西，经过一间递铺衙门，大街上，两顶轻纱小轿出现在视野中。与前朝风格不同，宋代的轿子更加注重主人的私密性，因此包裹得严严实实。

轿子对面，两辆牛车正在转弯。宋代，牛作为重要的运输工具和耕作畜力是不能随意宰杀的。因此，《水浒传》中所写的武松过景阳冈前，在一家酒肆喝酒，酒家说饱肚的"只有熟牛肉"这种情节放在宋代，只能存在于文学创作中。如果有人穿越回宋代，走进客栈大喊"来二斤牛肉"，估计小二都会被吓跑。

　　牛车后面就是宽阔的护城河了。连接护城河两岸的桥上，人们凭栏远望，欣赏着河两岸的美景。有道是："长安居，大不易。"但在北宋的汴京城里，还是有不少人过着"偷得浮生半日闲"的惬意生活。

　　此时正值徽宗年间，大宋的繁荣富足到达顶峰，汴京城的大街上每日人来人往、川流不息。人群后，便是汴京的城门了。高耸的城楼威严而壮阔，连接着两侧的城墙，把城内与城外分割开来。然而，由于人口暴涨，此时的汴京城内外已然看不出太大的差别了，繁闹的街市从城内蔓延到城外，而大量的货物则从城外涌入城内，喧嚣的京师俨然突破了城墙的限制，规模变得越来越大。

　　时节正好，面对如此惬意的春光，登高远眺应该是不错的选择吧。城门的阁楼上，模糊的牌匾让人们难以辨认这究竟是哪座城门，或许，这正是画家刻意为之，给后人留下无限的遐想。

　　宽阔的门洞里，长长的驼队正蜿蜒前行着，每当看到这一幕就使人不得不想到丝绸之路。虽然河西走廊为西夏所阻，但宋人对贸易的执着使当时的人们不惜穿越艰险的青唐道，翻过白雪皑皑的阿尔金山，只为通向遥远的西域。驼队的首领虽着汉袍，细看却是胡人的面孔。其实，这样的场景在以商业发达著称的北宋都市到处可见，宋代对外交往的频繁由此可见一斑。

　　进入城内，最先映入眼帘的是城门边的税务所。在商业发达的北宋，这实在是一个繁忙的机构。几名税官正清点着来往的货物，不知要忙到几时才能下班。旁边的小店里摆放着八只大木桶，这原本是消防所用，现在却用来装酒。很显然，商业的飞速增长已经侵蚀到了汴京的市

城门口的税务所　（宋）张择端《清明上河图》（局部）

政管理系统了。

　　门口方向聚集着许多驴车。在缺马的宋代，驴车作为交通工具的重要性不言而喻，相当于今天的轿车。在当时拥有一辆豪华的驴车也是身份和地位的象征。驴车旁，就是汴京城里著名的正店大酒楼了。这座酒楼豪华大气，彩球彩带让酒楼看起来喜气洋洋，门口"正店"两个大字，吸引着无数富商巨贾纷至沓来。

　　借着酒楼的喜庆，小商小贩们跟着发了财，卖花的小贩一手扶着篮子，一手和客人交谈，新鲜的花卉吸引了一对小夫妻的目光，妻子左顾右盼，丈夫则同小贩聊着。要知道，在繁华的大宋，男人也有戴花的习俗。"孙羊正店"旁，一位大胡子艺人正在说书。宋代，评书作为一门老百姓喜闻乐见的艺术形式出现在人们的生活里，并一直延续至今。

此时，画面中出现了一个宽阔的十字路口，南来北往的行人让宽阔的路面显得有些拥挤，路口处的人神态各异，有骑马的富人、挑担的走卒，也有步行的寻常人、化缘的出家人。所谓人间烟火，不外乎如此了吧。

画面继续向西，一顶顶圆形的遮阳伞下是兜售纸马的铺子。清明将至，此类生意也好了起来。人的生老病死本是世间常态。中国人的生死观从来都是平淡而现实的，清明扫墓，更多的是人们对故去亲人的一份寄托和追念。

继续往西看，跃然眼前的是一家名为"赵太丞家"的医馆，在汴京这么好的地段开店设馆，除了不俗的财力，想必店主人一定是一位悬壶济世的名医。

至此，画面戛然而止，汴京的市井百态也骤然消失，繁华的大宋京城宛如梦幻泡影，瞬息之间淡出了人们的视线，却又留下了难以忘怀的回忆。

正店大酒楼和宽阔的街道 （宋）张择端《清明上河图》（局部）

风俗画小考

风俗画不仅是一个时代的写照，也极大地丰富了中国传统绘画的艺术形式。与中国传统重写意的山水画不同，风俗画重在写实，是"用当时社会风俗及日常生活做题材的绘画"。[1]

针对人物的风俗画在宋代以前就已经十分普遍，先秦时代的彩陶壁画就是这一艺术形式的滥觞。两汉时期是风俗绘画艺术的大发展时期。长沙马王堆汉墓出土的锦帛上就有花鸟、人物的图案。魏晋以后，风俗绘画更是极大地丰富了人们对当时社会发展真实情况的认识，成为反映当时社会风貌和不同阶级生活状况的直观写照。

隋唐时期是中国风俗画大发展的时期。"画家对现实的描绘日渐充实，世俗成分对宗教绘画进行的渗透得到前所未有的发展。"[2]如阎立本、周昉、张萱等著名画家都为我们留下了许多传世的风俗画名作。

宋代是风俗画成就大爆发的时代。这一时期"不仅在画家人数上较此前大增，而且在题材上也较此前大大拓宽，表现在风俗画上特别明显。"[3]涌现出众多风俗画作家和传世精品。如张择端的《清明上河图》、王居正的《纺车图》、朱锐的《盘车图》、苏汉臣的《秋庭婴戏图》、李唐的《灸艾图》、杨威的《耕获图》、阎次平的《四季牧牛图》、李迪的《风雨牧归图》、李嵩的《货郎图》等，以反映城乡"市井小民"生活为题材的风俗画大量出现。《清明上河图》作为这一时期风俗画的代表之作，体现了中国古代风俗画艺术的最高水平，成为我们了解那个时代不可多得的珍贵史料。

---

[1] 中国社会科学院语言研究所词典编辑室编：《现代汉语词典》（第5版），商务印书馆2005年版，第409页。
[2] 杨志翠：《浅谈中国风俗画的发展》，《川北教育学院学报》1998年第3期，第22-24页。
[3] 杨志翠：《浅谈中国风俗画的发展》，《川北教育学院学报》1998年第3期，第22-24页。

勾栏瓦舍间

商品经济的发展使宋代都市呈现出异常繁华的景象，这其中有两个极具代表性的新现象：一为城市格局由封闭式改为开放式，坊市分离的传统格局被彻底打破，不再严格划分居住区和商业区，让"城"和"市"合二为一；二是市民阶层正式登上了历史舞台，市民得以从农民群体中分离出来，另立户籍，市民文艺作为城市文化的代表应运而生。"从中唐至明清的情况来看，最基本的阶级关系变化有两条：一是农民对地主的人身依附关系有所松弛，农民与地主的身份性差别有所缩小；二是雇佣制逐步有所发展。"[4]

大量的农村人口涌入城市，除了带来丰富的劳动力，也极大地促进了宋代城市文化的繁荣。

万国仰神京。礼乐纵横。葱葱佳气锁龙城。

日御明堂天子圣，朝会簪缨。

九陌六街平。万国充盈。

[4] 王曾瑜：《宋朝阶级结构》，河北教育出版社1996年版，第525页。

青楼弦管酒如渑。

别有隋堤烟柳暮，千古含情。

宋人裴湘的《浪淘沙·汴州》，展示了汴京都市的繁华景象，到处是高楼广厦、舞榭歌台，久违的太平盛世让饱受五代战乱之苦的中原百姓躬逢其盛，如沐春风。

当然，除了巍峨的建筑、喧闹的集市，还有一个去处让宋朝人心向往之——勾栏瓦舍。所谓勾栏瓦舍，准确来说应该分开讲。瓦舍，也叫瓦市、瓦子，是宋代城市里的商业娱乐区；勾栏，则是专指瓦舍当中的演出场所，通俗讲就是戏棚。"这里进行各种伎艺演出，如说三分（三国）、五代史、神鬼的说书，说诨话、合生的早期相声，小唱、诸宫调、舞旋、散乐等音乐舞蹈，杖头傀儡、悬丝傀儡、药发傀儡等木偶戏，以及各种杂技。各种酒楼、茶馆更是热闹异常，许多街市清晨五更就开始营业，直至后半夜三更，一些饮食店通宵营业，繁华之景象是唐代所不能比拟的。"[5]

勾栏内外，说书的、唱戏的、猜谜的、解闷儿的，凡是你能想到的，都能找到。勾栏外不远，必有繁华的酒楼。宋代都市的酒楼上常常用木杆绑成用来点缀门楣的装饰，称作"彩楼欢门"。据南宋耐得翁的《都城纪胜》记载："酒家事物，门设红杈子、绯缘帘、贴金红纱栀子灯之类。"如此高档的酒楼不仅装潢别致，器具也十分精美，而且"每楼各分小阁十余，酒器悉用银，以竞华侈，每处各有私名妓

---

[5] 白寿彝：《中国通史》第7卷，上海人民出版社1999年版，第685页。

勾栏瓦舍　（宋）张择端《清明上河图》（局部）

数十辈"（宋·周密《武林旧事》），故而是当时很多上流社会人物经常光顾的场所。

凭借着商业聚集效应，酒楼外卖肉的、卖酒的生意跟着水涨船高，商人们赚得盆满钵满。说书的艺人占据街角，方寸之间，凭借着自己的三寸不烂之舌，竟一下子成了"街边网红"。围观的听众有评书发烧友，有历史爱好者，但更多的是凑热闹的，正所谓外行看热闹，内行看门道，各取所需。

在当时的汴京，大的瓦舍有几十处，每处瓦舍也有若干个勾栏。《东京梦华录》记载："瓦子莲花棚、牡丹棚，里瓦子夜叉棚、象棚最大，可容数千人。"与今天的相声剧场类似，瓦舍里，观众们分排就座，吃着点心，喝着茶水，或侧头耳语，或开怀大笑，或瞠目结舌，或转泪低眉，喜怒哀乐，都能在这里寻见。所谓勾栏瓦舍，承载着的是宋代社会的人生百态和百姓恬淡的精神追求。

《清明上河图》对当时汴京城的勾栏瓦舍进行了十分生动地描绘，人物栩栩如生，细节丝丝入扣，融入其中，仿佛千年前的音容笑貌跃然眼前。

柳永："便纵有、千种风情，更与何人说？"

生于官宦世家的柳永，自小聪慧，有功名用世之志，而这也成为他一生的执念。

宋大中祥符元年（1008年），24岁的柳永来到了汴京，耳闻目睹了大宋都城承平日久的繁华景象。风华正茂的他不禁欣然命笔，写下了

《倾杯乐·禁漏花深》《木兰花慢·拆桐花烂漫》《破阵乐·露花倒影》等传世名词。意气风发的他不仅致力于功名，也流连于汴京城内的舞榭歌台，沉醉于汴河两岸的无限风光。毕竟，当时的汴京是中国乃至东亚最繁华的商业中心，如果说20世纪初的大上海是近代冒险家的乐园，那《清明上河图》时期的汴京就是北宋人争相向往的摩登之城。

其实早在6年前，柳永就曾计划来京应试，可中途发生了一些插曲。他因留恋苏杭的迷人景色，竟然滞留当地，陶醉在花好月圆的江南春色，痴迷于歌舞曼妙的市井生活，耽误了科举考试。不过，天才的柳永并非浪荡子弟，他因为写下了《望海潮·东南形胜》而一举成名，后来成了很多年轻人心目中的偶像。

> 东南形胜，三吴都会，钱塘自古繁华。
> 烟柳画桥，风帘翠幕，参差十万人家。
> 云树绕堤沙，怒涛卷霜雪，天堑无涯。
> 市列珠玑，户盈罗绮，竞豪奢。
> 重湖叠𪩘清嘉，有三秋桂子，十里荷花。
> 羌管弄晴，菱歌泛夜，嬉嬉钓叟莲娃。
> 千骑拥高牙，乘醉听箫鼓，吟赏烟霞。
> 异日图将好景，归去凤池夸。

生性浪漫的柳永自然不会虚度身处汴京的美妙光阴，他不断出入市井街巷，光顾舞榭歌台，流连忘返于好戏连台的勾栏瓦舍，留情专注于歌女舞姬的曼妙身影，写出了著名的《合欢带·身材儿》：

身材儿、早是妖娆。算风措、实难描。

一个肌肤浑似玉，更都来、占了千娇。

妍歌艳舞，莺惭巧舌，柳妒纤腰。

自相逢，便觉韩娥价减，飞燕声消。

桃花零落，溪水潺湲，重寻仙径非遥。

莫道千金酬一笑，便明珠、万斛须邀。

檀郎幸有，凌云词赋，掷果风标。

况当年，便好相携，凤楼深处吹箫。

这首轻快明丽的词如果谱上曲，按照今天的标准，绝对能上热搜歌单。事实上，柳永之于汴京城的少男少女们就是偶像般的存在。

据宋人叶梦得所撰《避暑录话》记载，柳永"为举子时，多游狭邪，善为歌辞，教坊乐工每得新腔，必求永为辞，始行于世"。用现在的话说，柳永就是北宋的当红作家和演艺新秀，因此受到了京城众多名媛的热捧，成为当时的现象级词作家。想象一下，在1000年前的汴京街头，忽然一阵欢呼声传来，柳永出现在勾栏外，原本听戏的人们立刻跑出去看，本不宽敞的街道上顿时被围得水泄不通，那是何等光景。

作为宋词四大家之一，柳永的才华是公认的，其真率明朗的词风、自然流畅的语言、富于音乐美的旋律，以及对宋词词调、词的意境和内容的开拓，都对后世有着极为重要的影响。

北宋文学家黄裳评价："予观柳氏文章，喜其能道嘉祐中太平气象，如观杜甫诗，典雅文华，无所不有。"（黄裳《演山集》卷三十五《书乐章集后》）

　　苏轼也曾评价柳永："世信柳耆卿曲俗，然如'渐霜风凄紧，关河冷落。残照当楼'，唐人高处，不过如此。"然而，木秀于林风必摧之，拥有着超高人气的柳永也成为保守势力的眼中钉。他的某些行为被当作"放浪不羁"的典型加以批判。由于与当时的礼法格格不入，柳永的某些作品也被一些人认为是扰乱心绪的"淫词艳曲"。总之，他的名气有多大，争议就有多大。

　　不过，柳永的身份毕竟是来京应试的考生，博取功名才是他最终的目的。第二年春闱在即，踌躇满志的柳永自以为必得高中，没想到，人生的打击才刚刚开始。果然，名气太大未必是好事，不仅柳永落拓不羁的性格为当时礼教所不容，其曼妙婉约的词句也被真宗皇帝斥责为"属辞浮糜"，一句"且去填词"让这位满心抱负的年轻人的政治前途几近葬送。

　　受名声所累，这次科举考试最终以柳永的落榜谢幕了。他不明白，

汴京城街头的行人　清院本《清明上河图》（局部）

一切过错难道就是因为自己的才华吗？年轻气盛的柳永在愤怒之下写下了《鹤冲天·黄金榜上》，来发泄对这次科举考试的不满。

黄金榜上。偶失龙头望。明代暂遗贤，如何向？未遂风云便，争不恣狂荡。何须论得丧。才子词人，自是白衣卿相。

烟花巷陌，依约丹青屏障。幸有意中人，堪寻访。且恁偎红依翠，风流事、平生畅。青春都一饷。忍把浮名，换了浅斟低唱！

从20岁出头的青年到了40多岁的中年，柳永经历了怎样的心境转折，他的如椽大笔没能写出自己齐家治国平天下的理想抱负，却记录了无数个不眠之夜里力透纸背的心酸和无法释怀的渴望。诚然，或许宋代的历史上自此少了一名政治家，却多了一位千古不朽的伟大词人。他用婉约的笔法为我们描绘了一幕幕生动具象的宋代市井风光，只可惜，这些风光的主角并不是他。

数次落榜，内心饱受煎熬，无奈中，他只好放浪形骸，麻痹自我，饮酒作赋，填词弄曲。失意的柳永游走在汴京的街头，脚踩着"咯吱"作响的石板，巷口的灯火逐渐模糊成了一道道光圈。

此刻的柳永，如同《清明上河图》里虹桥下的醉汉一般，只是身边连个搀扶的人都没有。也罢，如果不能改变命运，就把这具皮囊交付春风吧。

这样颓废的日子不知过了多久，直到，他遇到了虫娘。

两人相逢的场景已不可考，但可以肯定，那一定是让柳永毕生难忘的一天。失意的柳永从瓦舍走出，独自漫步在灯影摇曳的汴河畔，迎面走来一位年轻的女子，虽然衣着艳丽，但是却有一种清新隽雅的气质。四目相对，仿佛早就相识的朋友一般凝神停驻。昏暗的烛光下，柳永并不能完全看清女子的面貌，但是他确信这就是自己要找的人。

黄昏里，柳永邀女子游船。汴河两岸的街景慢慢退后，虫娘向眼前这个男人投去了倾慕的目光。灯影桨声伴随着河面的清风，一轮新月渐渐升起，二人自此情定终身。

在柳永的眼里，虫娘是独一无二的。虽为青楼女子，但是才情风貌相比很多大家闺秀更胜一筹。面对失意落魄的自己，虫娘心甘情愿的陪伴，渐渐让他重拾了生活的希望。

柳永在词里毫不掩饰对虫娘的爱慕："小楼深巷狂游遍，罗绮成丛。就中堪人属意，最是虫虫。有画难描雅态，无花可比芳容。几回饮散良宵永，鸳衾暖，凤枕香浓。算得人间天上，惟有两心同。"（柳永《集贤宾·林钟商》）为了自己的心爱的女人，柳永在这里用了"虫虫"这样的叠词，把所有的温柔都表露无遗。

才子佳人的故事往往都是悲剧的结尾，受身份所限，柳永不能给虫娘应有的名分，他们的关系，更像是两个失意的同路人之间的相互取暖，却注定无法走得太远。

科举失利，一直是柳永胸中无法释然的心结，"须知最有、风前月下，心事始终难得"（柳永《征部乐·双调》）。而唯一能抹平这份胸中块垒的办法就是一次次地参加考试，再一次次失败。

人生最美好的年华都蹉跎在科举中，内心饱受折磨的柳永终于选择了离开，离开这个让他从青年时代就一直魂牵梦绕的城市，回到江南，回到来时的地方。可惜，"花有重开日，人无再少年"。如果人生能够重来，他还会选择这灯红酒绿的市井吗？

从《清明上河图》中可以看到，形形色色的路人当中不乏读书人的身影，而这些读书人或来自外乡，或来自汴京本地。其中不免文人相轻，抑或是持不同观念的读书人之间微妙的神态描画。如画面当中城楼西侧街口处，骑马的白衣书生巧遇一熟知的寒酸文士，正欲打招呼，却见对面文士以扇掩面，快步走开。如此尴尬的气氛，恰巧显示出了同为读书人之间的微妙关系。也许马上的书生正值春风得意，落榜的同袍却

形形色色的路人　张择端《清明上河图》（局部）

人来人往的街道　张择端《清明上河图》（局部）

表现出尴尬，人生的境遇在此刻显示出了巨大的落差，正所谓几家欢喜几家愁。而柳永，不就是典型的落魄书生吗？

在汴京的日子里，除了高朋满座的宴会，杯觥交错的应酬，柳永的内心是孤独的。空背了"才子"的名号，功名却一无所获，达官显贵表面追捧实则鄙夷。好在，还有一位红颜知己陪伴着他。或许只有在此刻，柳永才读懂了"愿得一心人，白首不相离"的真谛。临别前，望着早已泪眼婆娑的虫娘，柳永写下了那首千古绝唱——《雨霖铃·寒蝉凄切》：

寒蝉凄切，对长亭晚，骤雨初歇。

都门帐饮无绪，留恋处，兰舟催发。

执手相看泪眼，竟无语凝咽。

念去去，千里烟波，暮霭沉沉楚天阔。

多情自古伤离别，更哪堪，冷落清秋节！

今宵酒醒何处？杨柳岸，晓风残月。

此去经年，应是良辰好景虚设。

便纵有千种风情，更与何人说？

汴京城外，柳永伸手抚摸着血色残阳，为这些年的人生画下了一个句号。

一叶扁舟，勾勒出一个个大大的之字，走也，去也。功名弗我意，飘荡远江湖。夜幕降临，人去船空，独留下这良辰美景，与谁诉说？直到10年后，仁宗亲政，特开恩科，柳永终登进士榜，才了却平生夙愿。

陈亮："怎能忘，汴河沿岸，瓦舍勾栏。"

生于南宋绍兴十三年（1143年）的陈亮是一位"才气超迈，喜谈兵事"的南宋文学家，从青少年开始就才华横溢、志量非凡，政论文章气势纵横，笔锋犀利，词作风格豪放，感情激越。立志光复大好河山的他曾多次上书恢复中原，并与好友辛弃疾一道为北伐中原做着准备。

与很多生在南方的北宋遗民一样，陈亮对汴京的印象也多来自父辈的回忆，但这并不能稍减他对故国故都的深深眷念，在《秋兰香·瓦舍勾栏》一词中，陈亮对汴京城的瓦舍勾栏有过很好的描写：

重返东京，疏絮淡柳，清明袅袅炊烟。

观繁花古树，听石涌清泉。

向唐宋，嫣影步珊姗，韵飘衣袂花冠。

怎能忘，汴河沿岸，瓦舍勾栏。

那小径幽深处，有鸟语馨香，皓月高悬。

咏清辉，叹后羿婵娟，相逢待千年，葱指玉弦，难叙缠绵。

醉梦里，凝眸相视，执手无言。

宋绍熙四年（1193年），51岁的陈亮得中状元，却因积劳成疾，一病不起，带着对故国的怀念，于第二年与世长辞。

或许，在另一个时空，陈亮曾不止一次光临过故都汴京，流连在人声鼎沸的勾栏瓦舍中。只不过他所处的时代，已经不能与父辈同日而语了，梦醒时分，也只能一声长叹。

汴京城街景　（宋）张择端《清明上河图》（局部）

勾栏瓦舍间衍生的中国本土戏剧——杂剧

经济的蓬勃发展为北宋社会创造出繁荣的文化，并对后世产生了深远的影响。风靡近400年的勾栏瓦舍衍生出了中国的本土戏剧——杂剧与南戏，也就是后来戏曲的雏形。如今，当我们走进戏场，锣鼓声响，出将入相，一张张鲜活的脸谱，一声声高亢的叫好，唱念做打之间，我们能否感知到千年之前先人的回音呢？

据北宋孟元老所著《东京梦华录》记载：勾栏的整体结构为全封闭的木结构，因为被围栏围住，仅有一个出入口，因此被称作"勾栏"。勾栏的舞台分为前面的戏台和后面的戏房，正所谓"台上一分钟，台下十年功"，台上的精彩演出都是经过台下千锤百炼的辛苦换来的。戏台下是观众席，观众席根据票价划分了等级，最正中的位置相当于今天的"VIP座位"。舞台一侧用于放置乐器，类似于今天的乐队，随着开锣起戏，一个个鲜活的角色粉墨登场，大宋汴京的夜生活也随之开始了。

勾栏内，叫好声此起彼伏，外面的人隔着很远都能感受到里面的气氛和热度。入口处的"招子"上写着今日演出的剧名和出场演员，白纸黑字一目了然，吸引着路过的人们争相围看。谈笑间，不断有人进入勾栏听戏。伴随着高亢的叫好声，不时有兴奋的观众朝舞台上丢掷打赏的钱物，不一会儿，制钱、银锭、香囊、首饰便堆满了一地。一出戏罢，后台的小伙计便一拥而上把这些赏物捡走，千年来观众打赏的"传统"从未丢失。

走出勾栏，场外的世界同样精彩。不远处一群衣着光鲜的年轻女子

山西省博物馆收藏的金朝杂剧俑——装孤

说说笑笑地走来，边走边挥动着手上的香袋。闻香而去，只见闹市之中，"刘家上色沉檀拣香"招牌赫然可见，不断有身着各色异装的客人走进店内，不一会儿便满载而归。正如《清明上河图》所描绘的那样，香店的门楣上扎满了栏杆彩带，成为闹市中又一别致的景观。

其实早在春秋以前，中国历史上就有关于用香的记载，到了唐代，调香、熏香、品香已经成为高雅艺术。但是品香文化的真正普及是从宋代开始的，甚至出现了《洪氏香谱》这样的专著。焚香，是宋人日常生活的一部分，熏衣待客、抚琴读书，哪怕是窗前小坐，一盏香炉，袅袅香烟，都是不可或缺的。

宋代的熏香之法极尽巧思，还发展出一项上流社会的社交活动——香席。邀约三两香友一同品香、参佛、斗茶、插花、弈棋等。"隔火薰香"这种不直接燃香的品香方式在当时盛极一时：先点燃一块木炭，把大半埋入香灰中，再在木炭上隔一层云母片，最后在云母片上放香品。通常，贵客登门，主人会拿出珍藏香材隔火熏香，在见香不见烟的意境里，品茗雅谈。

商业繁盛的汴京街市

唐代的长安与宋代的汴京最大的不同在于，在长安，商业贸易被限制在规定的区域内，即我们熟悉的东市和西市，而汴京的贸易则遍地开花，坊市界限被彻底打破。在长安，人们看到的是笔直大道两旁高高的围墙，店铺被圈在规定的围墙界限内，人们绝看不到临街开门的商店，而汴京到处是临街开设的店铺。因此，如果走在唐长安城的大街上，会让人觉得威严肃穆，而如果置身于宋汴京城内，则到处是人声鼎沸的烟火气。

在喧闹的街市上，我们偶尔也能看到这样一幕，一个远道而来的行脚僧，背着厚重的书箱，眼前繁闹的街道不过过眼烟云。箱顶，一盏尚未燃尽的油灯来回摆动。僧人目光坚定。从他行走的方向看，也许刚刚朝谒过大相国寺，正准备开始一段新的远行。喧闹的人间烟火，在这位出家人的眼里只不过是世俗的尘埃罢了，真正的佛国盛景，或许比这汴京城美上十倍百倍。

当时北宋的汴京城是世界上最大的商业都市，从这里向北一直到宋辽边境的榷场，商队络绎不绝。北方辽国的牲畜、药材和兽皮源源不断地通过榷场运输到汴京，江南的丝绸、瓷器也源源不断地北运。

穿过闹市的行脚僧 （宋）张择端《清明上河图》（局部）

从西而来的驼队 （宋）张择端《清明上河图》（局部）

繁忙的汴河水运 （宋）张择端《清明上河图》（局部）

从汴京往西，便是西京洛阳，再往西便是关中长安，因此汴京又被称为东京。从长安向西则连接着古丝绸之路，与占据河西走廊的西夏进行贸易。《清明上河图》中，驼队正在缓慢地穿过城门，可见汴京城与西域的贸易往来十分紧密。

汴京往南则是人口更加稠密的地区，沿汴河下行，过泗州进入淮河流域，再通过江淮之间的运河进入长江可直达吴越。自春秋以来，人们就在这里开掘运河、疏通水路，经过隋代的大规模整治，建成了世界上规模最大的运河体系。自此，来自江南的稻米、丝绸、茶叶和手工制品源源不断地北上进入中原，从南方各地运来的货物充斥着汴京城的大街小巷。《清明上河图》中繁忙的汴河水运只是冰山一角，但即使这样，也能由此管窥到汴京作为水路交通枢纽的重要地位。

这样繁忙的国际化大都市，是当时世界上人们都心向往之的理想之都。各国的商人漂洋过海，跨越戈壁沙漠来到这里，把中华文明广播世界。此时的欧洲，正在黑暗漫长的中世纪苦苦摸索，与亚欧大陆另一端政通人和的东方大国形成了鲜明的对比。

白帆与号子

从清晨开始，汴河上船工的号子声就开始响彻京郊，直到华灯初上，夜幕降临，船夫们数着城中更点慢慢将船靠岸，热闹一天的汴河才会短暂地平静下来。汴河，与它身后这座伟大的城市一起，见证了一个王朝的兴衰。

开宝九年（976年）二月，宋太祖赵匡胤前往洛阳游览，在祭拜天地时向群臣提议迁都洛阳。虽然其迁都之意出于种种考虑，如胞弟赵光义当了十几年的开封府尹，后又被封为晋王，势力盘根错节，已经隐隐威胁到皇位的传续。但最重要的原因是，位于华北平原的汴京，周边一马平川，无险可据，一旦遇袭，都城很容易被攻破。而洛阳位于天下之中，周围群山环绕，进可攻，退可守，历来就是王朝定都的首选。但宋太祖的提议遭到了很多大臣的反对，其中就包括晋王赵光义。他对宋太祖说，建都之本，"在德不在险"。最终，得不到朝臣支持的宋太祖只得妥协，感叹道："不出百年，天下民力殚矣。"

虽然，迁都计划失败了，但就当时刚建立十几年的大宋王朝来说，也是一个不得已的选择。

相比群山环绕的西京洛阳，位于平原地区的汴京城无险可守，北部的黄河虽号称"天堑"，然冬季一旦结冰，就会成为北方草原骑兵的坦途。尽管有着种种不利，但是对于经历过五代十国长期战乱的宋朝君臣来说，相比于外患，持续百年的内乱才真正是国朝的大患。为了保持国家的稳定，北宋朝廷实行了强干弱枝政策——将天下优势兵力集中于京师汴京，但如何养兵成为当务之急。"汴京有汴渠之漕，岁致江、淮米数百万斛，禁卫数十万人仰给于此，帑藏重兵皆在焉。"（《宋史》）东南各州的粮米，皆可通过大运河北上，进入汴河，运抵汴京。在视运河为命脉的宋代，汴京城有着得天独厚的优势。只有建都在这里，才能解决数十万中央禁军的粮草供给，同时一旦内乱发生，能迅速将兵力运送到需要的地方，而洛阳，甚至长安，均无法满足这一条件。

宋太祖的顾虑最终成真。因无险可据，作为都城的汴京不得不常年囤聚重兵，严重消耗民力。同时，在对外防御上，也必然只能成守势。百余年后，金兵一朝跨过黄河，几天内便攻至汴京城下，北宋王朝顷刻崩溃。

公元960年，赵匡胤在众部将的簇拥下"黄袍加身"，旋即回师汴京，建立了北宋王朝，从此，这个城市就和大宋的命运连接在了一起。

作为地理位置优越的大宋都城，汴京有四条重要的河流蜿蜒而过，分别是蔡河、汴河、金水河、五丈河。其中以汴河水运最为繁忙。汴河曾是隋唐大运河通济河的一段，从西北流向东南，穿城而过，留下四座水门。《清明上河图》中虹桥所在的位置就在汴京城东南约三公里的地方。由此可见，汴京商业的繁华已经远远冲破了城垣的约束。

北宋时期的汴京城人口稠密，据宋人王存主编的《元丰九域志》记载，宋神宗元丰三年（1080年），汴京城有户"主一十八万三千七百七十，客五万一千八百二十九"。要养活如此巨量的人口，单靠中原地区农业出产是不够的，必须依赖漕运。而汴河，就是勾连江南漕运的生命线。自汴河向下入江淮，南方的大米、丝绸源源不断地通过这条"黄金水道"运抵京城，于是便有了"国家根本，仰给东南"的名言。与此同时，蔡河与五丈河也分别从汴京城的南北穿城而

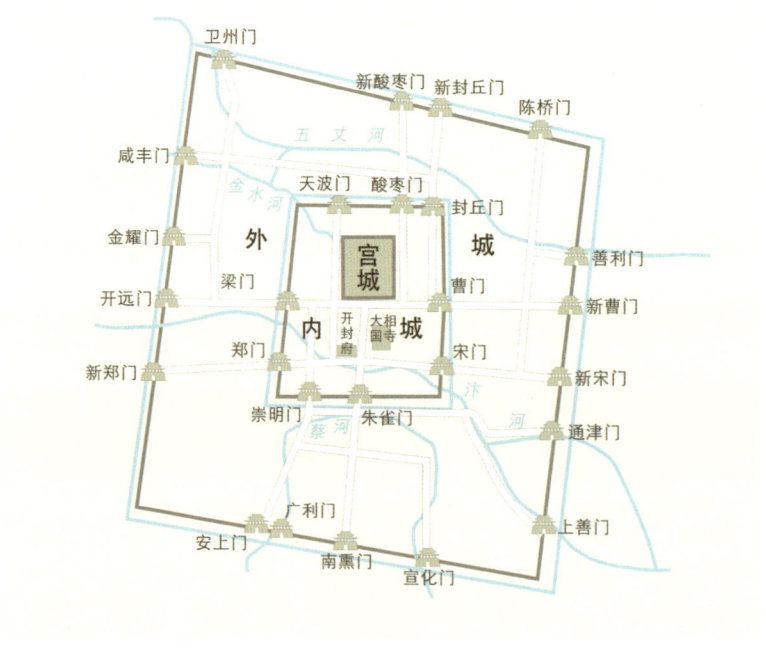

宋汴京城地图

过，承担着一部分水运任务，金水河则过西北水门，直通大内。

蜿蜒曲折的四条大河构成了汴京城的水运框架，也使这座城市成为当时中国北方的水陆交通枢纽。南来北往的客商，数不胜数的船只日夜穿梭于汴河之上。据说，宋太祖赵匡胤曾计划征服吴越，惊恐的吴越王为表臣服，派人送来了四条玉带，赵匡胤见后大笑说："我也有四条玉带，那就是汴河、蔡河、金水河、五丈河这四条。"谈笑间，宋太祖把汴京城便捷的水运网轻轻地炫耀了一番。

传说北宋初年，外城墙最初的布局并不像图上所示的那样平直。宋太祖开宝年间，汴京开始在内城的基础上加建外城，外城最初的布局由赵匡胤亲自审定。本就对建都汴京不满的赵匡胤将外城墙设计成蜿蜒如蚯蚓状的格局，众人疑惑不解，却不敢提出反对。后世虽多次整修城墙，如《康熙开封府志》记载的"神宗元丰元年重修京畿外城"，但始终未改变太祖时期的格局。

徽宗时期，权臣蔡京主政，看到残破蜿蜒的外城墙，下令全部拆除重建，于是才有了后来横平竖直如同大框的外城墙。可是，好景不长，数年之后，南下中原的金兵抵达汴京城下时，看到如此崭新笔直的城墙，下令开炮。霎时间，外表光鲜无比的汴京墙毁城破，这一刻，众人才明白了百余年前太祖规划的用意。然而，一切都已来不及了。

以中国传统风水学考量，城池也不宜修得过于平直，大框套小框的格局不仅不利于通风，也因形状上类似汉字中的"囚"字而为历代帝王所忌讳。如汉长安城，就不是严格意义上的矩形规制，而且皇城也不位于城池的中心；另如明南京城，更是完全打破了棋盘形的城市布局，而是以山川走势来修筑城郭。而著名的唐长安城虽然是矩形，但内皇城和宫城都不位于城市的中心，而是在偏北的方位。后来唐朝皇帝长期居住的大明宫更是修筑在了原长安城城墙之外的东北角。由此可见，天子居中，并不严格体现在地理区域上，顺应地势，合乎自然才更符天道。

除此之外，我们还发现一个有趣的现象，中国古代在选择都城时总会优先考虑水源和水运，如两汉隋唐的八水绕长安，五代北宋的四水穿汴京。更有甚者，一条河流的兴衰就决定了一个城市的命运，如秦淮河

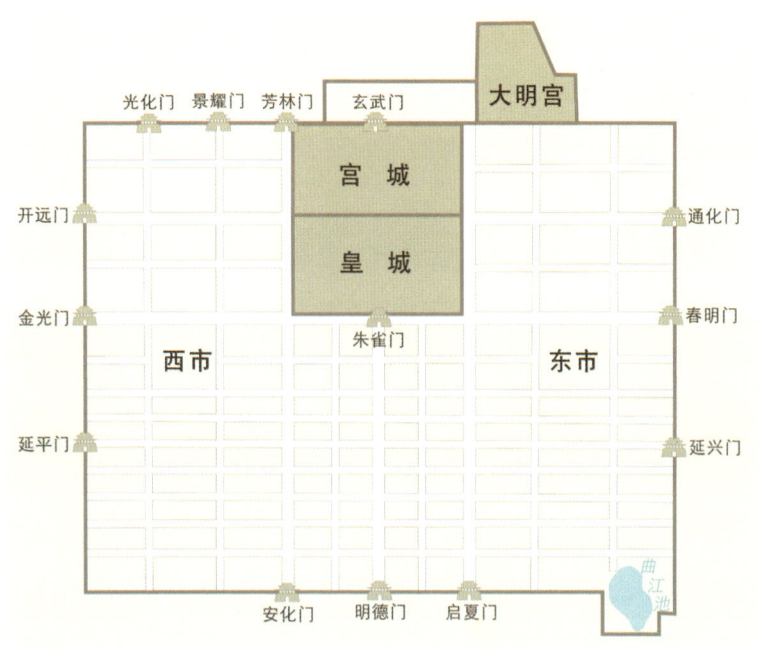

唐长安城地图

之于金陵，洛河之于洛阳，运河之于扬州。在"四水贯都"的汴京，汴河就是一条与这座城市休戚与共的母亲河，"惟彼汴水，贯城为渠，并洛而趋"（宋·周邦彦《汴都赋》）。汴京正好处于隋唐大运河的南北交会之所，四通八达的水运勾勒出了以汴京为中心的北方水运网络。沿着汴河东下淮州，可直通吴越；沿五丈河东上定陶，可勾连齐鲁；沿蔡河南下陈州入颍水可直达江淮。黄河、淮河两大水系在汴京附近交汇，成就了汴京城北方商业中心的地位。

在《清明上河图》中，汴河无疑是这幅巨作的中心和主轴。而汴河上舳舻千里的壮阔场面，正是这座城市的生机与命脉。

汴河漕运不仅关乎此地人民的衣食冷暖，也关乎着一个特殊群体的生计，那就是汴河上的船工。《清明上河图》中，一个船夫正在船头烧火做饭，炉子里被烧得通红的炭火隐约可见。这些人的衣食住行都在船

船头生火做饭的船工　　（宋）张择端《清明上河图》（局部）

上，以河为家，以船为命，用平凡的一生书写着大宋漕运的传奇。

作为《清明上河图》中最惊险的一幕，船过虹桥的画面无疑是最吸引眼球的。众人惊呼，桅杆眼看着就要撞向桥头，桥上的人，桥下的人，还有船上的船工无不慌作一团。这一幕如同此刻的大宋一般，即将经历一场前所未有的危局。宣和二年（1120年），方腊起义，大宋王朝赖以生计的东南半壁陷入战火之中。原本用于征辽的大军被迫南下，同起义军展开鏖战。一时间，国家的经济命脉被切断，大宋陷入了风雨飘摇之中。可在这即将到来的危局之下，是否有人会明白，这盘大棋，早在数十年前就已成定局。

熙宁元年（1068年），从江宁知府离任的王安石踌躇满志地踏上了进京之路。时值早春，汴河两岸还有未完全开化的积雪，王安石沿官道一路走来，眼见的不仅仅是繁忙的汴河水道，也有遍地饥民的惨景，深

船过虹桥　（宋）张择端《清明上河图》（局部）

深的危机感涌上他的心头。

由于北宋采取不抑兼并的国策，百年下来，致使富者愈富，穷者愈穷。正如《清明上河图》中所描绘的这样。骨瘦如柴的运夫顶着寒风为富人运粮，潦倒的算命先生则伸手向路人讨要，形同乞丐。

熙宁元年四月，始造朝。入对，帝问为治所先，对曰："择术为先。"帝曰："唐太宗何如？"曰："陛下当法尧、舜，何以太宗为哉？尧、舜之道，至简而不烦，至要而不迂，至易而不难。但末世学者不能通知，以为高不可及尔。"帝曰："卿可谓责难于君，朕自视眇躬，恐无以副卿此意。可悉意辅朕，庶同济此道。"

——《宋史·王安石传》

骨瘦如柴的运夫与潦倒的算命先生　（宋）张择端《清明上河图》（局部）

这年四月，年仅二十岁的宋神宗召见了王安石。年轻的皇帝向王安石表达了自己渴望中兴大宋的雄图伟略，以及求贤若渴的心情。王安石抓住时机，顺势提出了变法的初步设想，并鼓励神宗做尧舜那样的圣明贤君，二人的想法一拍即合。

第二年，王安石便被任命为参知政事，权至副相。宋神宗对王安石说："世人都不知晓你的才能，以为你只知道经术而不懂得政务。"王安石笑着答道："经术本来就是处理政务的，只是后世一些所谓的'大儒'把这个名声搞臭了而已。"皇帝表示赞同，接着问："那你以为当务之急是什么？"王安石思忖片刻，答道："改变陈规旧俗，树立新法新规！"

对王安石提出的一系列变法主张，宋神宗都给予了极大的理解和支持。转年，他又任命王安石为同中书门下平章事，位同宰相。此时的王安石，终于可以一展身手，实现多年的抱负了。他在心中暗暗发誓，一定要改变大宋国弱民穷的局面。

仅仅三年时间，王安石就做到了大宋宰辅的高位。然而，高处不胜寒，朝廷内外正有无数双眼睛盯着自己，唯一能够服众的办法就是尽快推动变法并取得成功。

王安石深知，北宋的病根在于积贫积弱，而造成这一切的原因是财富高度集中在王公贵族和富商豪贾手中，贫富分化严重。汴河上一艘艘载满货物的船只，好似富商们敛财的银车，正不断侵蚀着这个国家有限的财富；百姓生活却日渐艰难，种田人吃不饱肚子，养蚕人穿不起丝绸，正如宋人张俞《蚕妇》一诗中写到的："遍身罗绮者，不是养蚕人。"表面看起来风光无限的大宋盛世，老百姓的饭碗里却见不到多少油腥，王朝国库空虚。

是夜，宰相府书房内，王安石一夜未眠。昏暗的烛火下，他奋笔疾书，把自己的设想条分缕析地写了下来。均输法和市易法应运而生。

> 均输法者，以发运之职改为均输，假以钱货，凡上供之物，皆得徙贵就贱，用近易远，预知在京仓库所当办者，得以便宜蓄买。
>
> ——《宋史·王安石传》

均输法，就是针对京城和江淮各路的物资供求脱节，大商人趁机牟利的局面，采取扩大发运使职权的办法，总揽东南各路财赋和盐、茶、酒、矾、市舶等项税收，建立联系京城的供需沟通管道，让发运使根据京城市场的实际需要，合理安排采买。在距离较近的丰收地区以贱价购买上供物资，以杜绝大商人趁机牟利和操纵市场的可能性，力图改善供求关系，减轻小民百姓的负担。

> 市易之法，听人赊贷县官财货，以田宅或金帛为抵当，出息十分之二，过期不输，息外每月更加罚钱百分之二。
>
> ——《宋史·王安石传》

市易法，即在京城和各地方设立市易司，平价收购市面上滞销的货物，在市场出现供应紧张的时候卖出，从而在根本上限制了不法商人囤积居奇的企图。此项法令的实施有利于稳定物价，增加政府财政收入。

与均输法和市易法同时颁布的还有青苗法、免役法、方田均税法、农田水利法等多项法令。

王安石变法也推动了汴河漕运的兴革。今天的人们在《清明上河图》中看到的河阔水深的汴河航道，正是在王安石主政期间得到疏浚的。汴河因其独特的地位，成为汴京水运交通的枢纽，关乎整座城市的兴衰。多次视察汴河的王安石，深感河道淤塞严重，不仅影响航运，在雨季也会有洪涝灾害的隐患。为此，他推举沈括主持汴河的疏浚工程，经过数月施工，汴河淤塞的问题得到解决，千里黄金水道上的白帆与号子重现生机。

河阔水深的汴河航道　　（宋）张择端《清明上河图》（局部）

轰轰烈烈的王安石变法在全国范围内展开了，然而新法的实施并未同设想的那般顺利。很快，各地抵制变法的奏疏如雪片般飞向汴京，堆满了神宗的书案。不得不说，变法的初衷是好的，设想也是超前的，但时值北宋中后期，社会固化已经十分严重，王安石急于求成的性格使得这次变法过早地触及了既得利益阶层的权益。而且，王安石在选人用人上也缺乏眼光，新法成了某些居心叵测之人晋身和敛财的工具，进而遭到了越来越多人的抵制，这其中就有身为知礼部贡举的苏轼。

苏轼对这场变法的态度起初是支持的，对于国家面临的危机，他也渴望改变。但是，随着变法的深入，越来越多的问题暴露出来，苏轼对于这场变法的态度也悄然发生了转变。尤其是教育领域的改革，王安石倡导在科举中把《孟子》列为考试科目，主张以经义取士，借以改变"闭门学作诗赋，及其入官，世事皆所不习"（宋·马端临《文献通考·选举考》卷四）的状况。对此，苏轼上书宋神宗，反对王安石废除科举考试中的诗、赋等科目，以及取消"台谏"的做法，并说，批评宰相也是谏官的职责。王安石闻后大怒，找到了宋神宗，一句"轼才亦高，但所学不正，请黜之"（宋·叶梦得《石林诗话》）便将这位大宋才子贬黜到了杭州。不过，苏、王二人的分歧仅仅在于哪种主张更利于国家，而不是个人利益矛盾，属于君子之争。后来苏轼深陷"乌台诗案"，众人唯恐避之不及的时候，恰是王安石出手救了他，为大宋保住了一位文坛巨子。

在以司马光、文彦博、欧阳修、富弼、范缜、韩琦等为首的保守派的攻讦下，变法当中的许多问题被暴露和放大开来。因每项新法都在不同程度上触犯了豪绅大地主阶层的利益，在每一种新法的推行过程中，都无一例外地遭到他们的阻挠和反对。然而，这终究是一场没有触及社会根本的制度性改良，无法从根本上解决大宋存在的问题。从变法开始的那天起，对这场改革的争论就没有停止过。变法不仅受到守旧派的掣肘，就连变法派内部意见也不统一。继而，向来支持王安石的宋神宗也悄然发生了态度上的转变，最终将王安石罢相。

是夜，王安石携仆人轻车简从来到汴河畔，汴京城灯火依旧，繁花锦簇的汴河上，仍旧有川流不息的船舶来往，虹桥上的行人依然摩肩接踵，两岸的灯火把河面照得通明，远处夜市的喧嚣声声入耳。年过半百的王安石黯然离开了汴京。

王安石走后，这场变法也在新旧党人的斗争中草草收场。从京城到金陵的千里路途上，面对着风景如画的江淮两岸，壮志难酬的王安石不由得发出了"春风又绿江南岸，明月何时照我还"的感慨。

元丰三年（1080年），奉调路经江宁的苏轼特意拜访了被贬归乡的王安石。江边渡口，王、苏二人相谈甚欢。面对亦师亦友的王安石，苏轼的心境是复杂的。虽然他反对变法的某些主张，但在心底对王安石有一种由衷的敬意。他们促膝长谈，交换了彼此对朝廷愈演愈烈的党争的忧虑和对大宋未来前途的担忧。

元丰八年（1085年），宋神宗去世，垂帘听政的高太后启用反对变法的司马光为相，将神宗时代有关变法的政策全部取消，史称"元祐更化"。然而，这场由变法引起的新旧党人之争却并未烟消云散。

世事难料，人生无常，正如这蜿蜒的汴河，谁知道哪里会有礁石，哪里又有浅滩，此刻的大宋就犹如这疾驶在汴河的大船，稍不留神就会船毁人亡。而真正为这艘大船耗尽心血的，正是如王安石这般不知疲倦地拖拉硬拽的纤夫。而更多的人，只是在岸边看着热闹，做着事不关己的大梦。

《清明上河图》真实地展现了汴京城的社会百态，让平日隐藏在角落里的各色人等跃然纸上。人生如戏，每个人都有自己的角色，而汴京，就是这出大戏的舞台。状如棋盘的街道，规整的内外城墙，以及穿城而过的汴河，组成了这座戏台的轮廓。而漕运，正是推动这场大戏的根本动力。

诚如最初定都于此的考量，漕运，伴随着这座城市的兴衰，走过了北宋167年的历程。汴河经过历代整修，至徽宗年间，已经成为中国北方最繁忙的水上运输线。作为中原与吴越的交通纽带，漕运是这座城市发展壮大的基石，成就了汴京城辉煌的过往。

汴河上的船只　（宋）张择端《清明上河图》（局部）

（明）仇英《清明上河图》（局部）

第二章

总把新桃换旧符

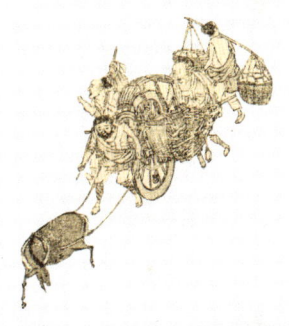

文臣与武将

随着宋朝的建立，五代十国长期战乱的结束，宋朝也由重"武功"转而重"文治"。宋太祖杯酒释兵权后，武将的权力进一步受到压缩，文人士大夫的地位显著提高。以文治国成为君臣共识，继而科举取士的重要性越发突出。

相较前朝，宋代的科举取士制度进一步成熟，越来越多的年轻学子沉湎于文山书海中，钻研章句，皓首穷经，以求科举得中，一步登天。宋人尹洙曾言："状元及第，虽将兵数十万，恢复幽蓟，凯歌而还，献捷于太庙，其荣亦不能及也。"（宋·田况《儒林公议》）

由此，宋人对科举考试的重视可见一斑。追根溯源，从宋太祖乾德年间一场杯觥交错的宴会后，重文抑武就成为北宋贯穿始终的一项基本国策。

科举取士，文人的晋身之阶

宋代十分重视科举，曾于宋太宗太平兴国二年（977年）一次取士500人。大规模的科举取士不仅使广大寒门子弟有了晋身之阶，也使散布在全国各地的杰出才俊得以汇聚京城。然而，仅仅依靠科举考试这一条途径是不够的，育士兴学也是一项十分重要的工作。广设学校、增编教材，成为与科举取士相配套的重要举措。据统计，北宋有过三次大规模的兴学运动，即庆历兴学、熙宁兴学、崇宁兴学。由此带来了书院文化的普及，著名的嵩阳书院、应天书院、石鼓书院、岳麓书院等一大批培养人才的教育机构出现。

为防宗室变乱，宋朝自开国以来一直禁止宗室子弟参与科举、谋取官职，只能就学于宗室学堂。正所谓"状元多寒门"，此举保证了科举取士的公平性，也使真正有才华的寒门子弟不至于被埋没。宋仁宗庆历四年（1044年），范仲淹主持新政，于汴京城锡庆院兴办太学。太学生并非特指达官显贵，而是从八品之下官员子弟及优秀平民子弟中录取，等级限制也逐步消弭。仁宗年间，太学推行"苏湖教学法"，即重视因材施教，经义和实学并重。宋神宗王安石变法期间，又创立了著名的"三舍法"，于太学之中分置外舍、内舍和上舍，摸索出了一套品学兼顾的考察制度，使太学教育与科举制度挂钩，育士与取士臻于统一。除京城的太学外，宋朝各地也创立了官学，为国家培养了大量的人才，也为科举考试输送了众多的新鲜血液。

关于教育与考试，张择端的《清明上河图》里也有所展现。画中有一处打着"解"字招牌的店铺，一种说法，这里是贡院验收举子试卷、解牒的办事处，而更多人则认为这里就是学子们经常光顾的书铺。活字印刷术的出现促进了北宋书籍出版业的繁荣，各种新书层出不穷，也带动了书铺生意的红火。

挂着"解"字招牌的书铺　（宋）张择端《清明上河图》（局部）

宋代科举考试分解试、省试、殿试三级，考生在户籍所在州县参与解试，考中后赴京城参加省试。从图上看，店铺外的确聚集着不少长衫打扮的学子，而招牌上的"解"字与解试正好不谋而合。如此看来，在"解"字书铺买书的学子应为汴京当地籍贯。有学者认为，书铺作为学子们连接科举考场的重要环节，不仅兜售参考书，有时也会成为营私舞弊的肮脏之所，故而难以得到官府的信任。

宋代的读书人自有立身处世的情怀和追求，有着希望天下太平的自我使命感，正如"横渠四句"（出自北宋大家张载的《横梁语录》，被当代哲学家冯友兰称为"横渠四句"）中所言的那样："为天地立心，为生民立命，为往圣继绝学，为万世开太平。"科举考试，作为古代士子的晋升之路，成为读书人十年寒窗的唯一目标，金榜题名是多少莘莘学子梦寐以求的目标。故而宋人汪洙有诗云："天子重英豪，文章教尔曹。万般皆下品，惟有读书高。"（《神童诗》）宋初，科举仅有两级考试，即各州举行的解试和礼部举行的省试，殿试的实行则始于开宝六年（973年）。为防作弊，试卷要进行糊名和誊录，且由多人参阅，这样更利于取士公平。据《宋史》记载："开宝三年（970年），诏礼部阅贡士及十五举尝终场者，得一百六人，赐本科出身。"这里的本科即指进士科，也是今天高等教育中"本科"一词的缘由。

千年最牛的嘉祐二年科举

在科举兴盛的宋代，考试往往充满着偶然性，也有很多具有传奇色彩的故事流传下来。

宋仁宗嘉祐二年（1057年）的科举可谓群星闪耀，被后世人戏称为"神仙打架"。那一年，年仅21岁的苏轼同父亲苏洵、弟弟苏辙一道进京赶考。同期参加考试的还有程颢、程颐、曾巩、曾布、章惇、王韶、张载、吕惠卿。这些人中有3人后来成为北宋宰相（曾布、章惇、吕惠卿），4人成为唐宋八大家之一（苏洵、苏轼、苏辙、曾巩），程颢、程颐两兄弟是宋代理学奠基人，王韶成了北宋名将。当时的主考官是欧阳修，小试官是梅尧臣，此二人都是文坛上久负盛名的领军人物，那届考试真可谓风云际会。经过北宋中叶以来的"古文运动"，在欧阳修等文坛巨匠的倡导下，通畅明了的散文渐成文坛正宗并为后世所发扬。北宋的"古文运动"主要是反对西昆体为代表的奢靡文风，主张平实自然的文体。欧阳修作为古文运动的领袖，自然对长期以来重奢靡晦涩的文坛风气嗤之以鼻。

与京城太学生们奢华的文风不同，苏轼的文风简洁明快，文字清新可喜。他以一篇《刑赏忠厚之制论》博得了主考官欧阳修的大加赞赏，一时名噪京城。《与梅圣俞书》曾记载，欧阳修读后"不觉汗出。快哉快哉！老夫当避路，放他出一头地也"。清新脱俗的文风和大胆深刻的论述让欧阳修一度以为是自己高足曾巩的文章，为避嫌，只给了第二名，后来知道是苏轼所作而后悔不已。梅尧臣则是给这篇文章赋予了"孟轲之风"的高度评价，在当时的京城学界轰动一时。

后来见到苏轼，欧阳修曾问及其文章中"皋陶为士，将杀人。皋陶曰杀之三，尧曰宥之三"出自何处，欧阳修遍询典籍也未曾找到。苏轼恭敬地答曰：文以载道，何必有出处？欧阳修听后，不禁对眼前这位大胆而新奇的年轻学子更加欣赏。

重文轻武的北宋朝堂

世人常言"北宋缺将，南宋缺相"，说的是自宋太祖杯酒释兵权之后，北宋朝廷再鲜有能征善战的将领，然而，这句话还有一个例外，那就是狄青。

作为北宋中期为数不多的名将，狄青的一生真可谓坎坷而传奇。出身贫寒的狄青自幼丧父，与兄母相依为命。19岁那年，狄青因代兄受过而被官府刺配充军。正当戴着枷锁的一行人走过汴京街市的时候，不远处传来鼓乐声，放眼望去，张灯结彩。新科三甲正骑着高头大马在喧嚣的锣鼓声中渐行渐近，其中的新晋榜眼正是与狄青同年出生的韩琦。骑在马上的韩琦与戴着重枷的狄青擦身而过，自此，两个人的命运便连在了一起。

与狄青不同，生于官宦世家的韩琦自幼饱读诗书，一路顺风顺水，弱冠之年便得中进士，后来在仕途上更是官运亨通，才华横溢的他很快得到了宋仁宗的赏识。

庆历元年（1041年），宋夏开战，身为陕西安抚使的韩琦力主与西夏决战，然而，宋军一败三川口，再败好水川，主力损失惨重，韩琦也遭到降职处分。殊不知，此战中，狄青身先士卒，立下了许多战功，升任泾原路副都总管，成为韩琦的部下。

出于对武夫的轻蔑，韩琦从来不正眼看这个部下。一日酒会，韩琦请来舞姬助兴，席间有一名舞姬竟然走到狄青的面前，指着他脸颊的刺配轻唤了一声"斑儿"。这无疑是对狄青极大的侮辱。然而，坐在主座的韩琦却不以为然，愤怒的狄青只得忍气吞声。第二日，怒气未消的狄青授意属下好好教训了那个舞姬一顿。本以为事情到此为止，不曾想数日后，狄青手下一个叫焦用的年轻军官因微小的过错竟被韩琦带来的亲兵绑缚刑场，处以极刑。

狄青赶忙去找韩琦求情，说焦用是有功于国家的好男儿，希望能看在自己多年为朝廷建功的份上饶他一命。韩琦却冷笑一声，道："东华门外以状元唱出者乃好儿，此岂得为好儿耶！"

> 青旧部曲焦用押兵过定州，青留用饮酒，而卒徒因诉请给不整，魏公命擒焦用，欲诛之。青闻而趋就客次救之。魏公不召，青出立于子阶之下，恳魏公曰："焦用有军功，好儿。"魏公曰："东华门外以状元唱出者乃好儿，此岂得为好儿耶！"
>
> ——《默记》

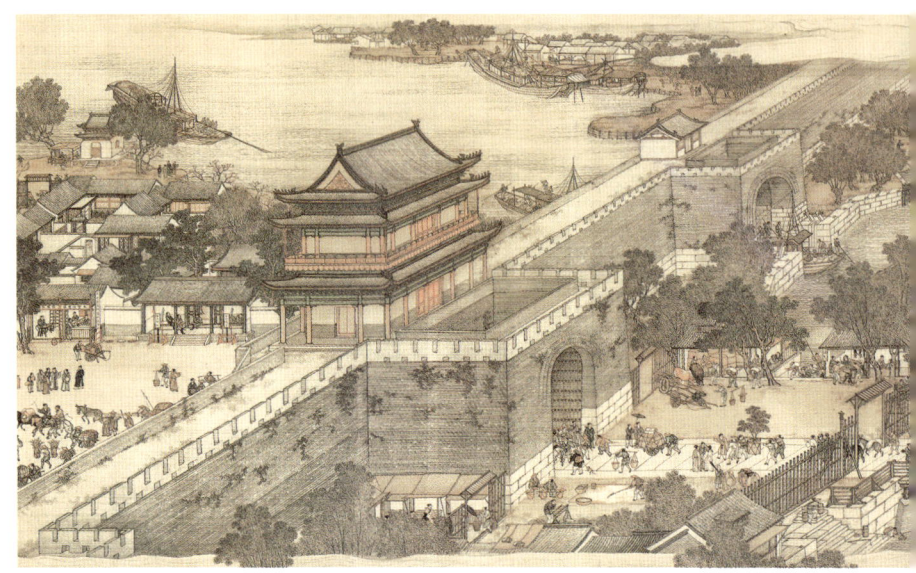

无人守卫的城楼　清院本《清明上河图》（局部）

　　这句话无疑再次戳痛了狄青的内心，许多年前汴京街头二人初次相遇的画面浮现在脑海。想自己这些年，北御李元昊，南定侬智高，为大宋朝廷立下了赫赫战功，以武人的身份位居枢密使之职，此刻却要受眼前这个靠一篇文章青云直上的文官的再次折辱，狄青一腔悲愤涌上心头，几年后便郁郁而终了。

　　由此可见，宋太祖杯酒释兵权后，武人地位与文人地位差距悬殊，这种差距虽然带来了宋朝百余年的太平时光，但也种下了日后王朝倾覆的恶果。《清明上河图》为我们展示了北宋末期文恬武嬉的画面，图上高耸的城楼竟无一兵一卒值守，形同虚设，偌大的京城防卫漏洞百出，朝廷内外浑浑噩噩。

不可否认，刀枪入库、马放南山的安逸生活是迷人的，但是当北方狼烟再起之日，也注定了北宋王朝最终覆灭的结局。

周邦彦与《汴都赋》

晴岚低楚甸，暖回雁翼，阵势起平沙。骤惊春在眼，借问何时，委曲到山家。涂香晕色，盛粉饰、争作妍华。千万丝、陌头杨柳，渐渐可藏鸦。

堪嗟，清江东注，画舸西流，指长安日下。愁宴阑、风翻旗尾，潮溅乌纱。今宵正对初弦月，傍水驿，深叙蒹葭。沉恨处，时时自剔灯花。

——宋·周邦彦《渡江云·晴岚低楚甸》

宋哲宗绍圣元年（1094年），年近四旬的周邦彦在被贬谪多年后重新受召回到朝廷。沿运河北上汴京的路上，看着两岸辽阔旷野，大地春回，周邦彦欣然提笔写下这首词。江风阵阵，浪花拍打着船舷，酒醒人不眠。

宋神宗元丰初年（1078年），20多岁的周邦彦来到汴京，成为一名太学生。年少轻狂的他生性浪漫，喜爱诗词歌赋，且精通音律，才华横溢，风流倜傥。虽然同为北宋著名的婉约派词人，相比于北宋前期一生不得志的柳永，北宋中期同样放荡不羁的周邦彦是幸运的。元丰六年（1083年），周邦彦写下了洋洋洒洒7000余字的《汴都赋》，名噪一时。宋神宗观后，大加赞赏，很快被简拔为太学正（辅佐博士施行教典、学规、管理学生的九品官）。赋中写道：

阓城为门，二十有九，琼扉涂丹，金墉镂兽。列兵连卒，呵夜警昼。异物不入，诡邪必究。城中则有东西之阡，南北之陌，其衢四达，其涂九轨。车不理繋互，人不争险易，剧骖崇期，荡夷如砥。雨毕而除，粪夷菷秽。行者不驰而安步，遗者恶拾而恣弃。跨虹梁以除病涉，列佳木以安况瘁。殊异羊肠之诘曲，或跀蹏而折轊。顾中国之阛阓，丛贽币而为市，议轻重以奠贾，正行列而平肆。竭五都之环富，备九州之货贿，何朝满而夕除，盖趋赢而去匮。萃驵侩於五均，扰贩夫於百隧，次先后而置叙，迁有无而化滞。抑强贾之乘时，摧素封之专利，售无诡物，陈无窳器。欲商贾之阜通，乃有廛而不税，消卓郑猗陶之殖货，禁秉坚□肥之拟贵。道无游食以无为，矧敢婆娑而为戏。其中则有安邑之枣，江陵之橘，陈夏之漆，齐鲁之麻，姜桂薰谷，丝帛布缕，鲐鲨鲲鲍，酿盐醯豉。或居肆以鼓炉橐，或鼓刀以屠狗彘。又有医无闾之珣玕，会稽之竹箭，华山之金石，梁山之犀象，霍山之珠玉，幽都之筋角，赤山之文皮，与夫沈沙栖陆，异域所至，殊形妙状，目不给视。无所不有，不可殚纪。

　　繁华壮丽的汴京城，在周邦彦的笔下栩栩如生。壮阔的城郭，通达的街道，繁盛的市场，摩肩接踵的行人，琳琅满目的货物，车水马龙的太平盛世，让人读后不禁对大宋汴京心向往之。千年后，《汴都赋》也成为我们了解当年汴京城面貌的重要史料。

　　如果说《清明上河图》是把汴京城具象为一幅壮丽的图景，那《汴都赋》就是把汴京城抽象为一首浪漫的长诗。

　　因《汴都赋》而得到皇帝以及当时的改革派领袖王安石赏识的周邦彦虽被冠以"新党"的名号，但他一贯特立独行，对朝中新旧两派的相互攻讦、倾轧早已深感厌倦，逐渐被上层阶级冷落，久不升迁。

　　心灰意懒的周邦彦，流连于汴京城的勾栏瓦舍之间，写下了许多著名的词作。神宗死后，旧党执政，废除新法，支持变法的官员均被罢免，周邦彦也不例外，被下放任地方官。直到哲宗继位，转而支持革新，郁郁不得志的周邦彦，再次被人想起。哲宗甚至召他回京，当着满朝文武，在朝堂上朗读《汴都赋》。之后，周邦彦仕途顺遂。

　　相传，常年混迹于青楼楚馆的周邦彦，因缘际会之下结识了当时名动京城的花魁李师师，并因此引出了一段香艳的三角绯闻。"道君幸李师师家，偶周邦彦先在焉。知道君至，遂匿于床下。道君自携新橙一

颗，云江南初进来，遂与师师谑语。邦彦悉闻之，隐栝成《少年游》云……"（宋·张端义《贵耳集》）

并刀如水，吴盐胜雪，纤手破新橙。锦幄初温，兽烟不断，相对坐调笙。

低声问：向谁行宿？城上已三更。马滑霜浓，不如休去，直是少人行。

——周邦彦《少年游·并刀如水》

周邦彦与李师师、宋徽宗之间是否真有如此纠葛，已不可考。《少年游》到底是不是描写李师师与宋徽宗行乐之事，也是众说纷纭。但是，周邦彦确实不得徽宗喜欢，被其发配到外地。后又赏他的才华，将其召回，任大晟府提举，负责谱曲填词。其创作的歌词甚至被后人评价为"词至美成，乃有大宗。前收苏、秦之终，后开姜、史之始，自有词人以来，不得不推为巨擘。后之为词者，亦难出其范围"。

喧闹的汴京夜市

何谓"市井"？唐人徐坚《初学记》云："或曰：古者二十亩为井，因井为市，故云也。"因之，市井在古代就是城镇、街坊的代称。《清明上河图》展示了一幅北宋汴京日常市井生活的众生相，其实，除了白天的喧嚣，夜晚的汴京城也别有一番风情。

历代王朝，对城镇的夜间管理都实行严格的宵禁制度，直到北宋初年，宋太祖给汴京下诏："令京城夜市至三鼓已来，不得禁止。"自周朝起，"掌夜时，以星分夜，以诏夜士夜禁，御晨行者，禁宵行者、夜游者"的宵禁制度，在延续一千多年后，终于走向消亡。

宋朝的夜游经济

相比汉唐巍峨的皇都，宋代汴京更像是一座充满着烟火气息的不夜城。华灯初上，星空浩渺，汴河上的行船纷纷点亮了灯笼，从船尾到船首，红色的烛光仿佛汴河上璀璨的星辰，熠熠闪耀，点缀着汴京城迷人的夜色。于是，这座城市一天的夜生活开始了。

和白昼不同的是，夜里的汴京在喧嚣之外更多了一丝神秘的色彩。

璀璨的灯火把汴河两岸照得通明。夜市，这张汴京城最迷人的名片，为我们慢慢展现出它的魅力。《史记・货殖列传》有言之："天下熙熙，皆为利来；天下攘攘，皆为利往。"大宋汴京城夜市里熙来攘往的繁华景象，无不体现了这句话的含义。

汴京城最著名的夜市就要数御街以南的州桥夜市了。与东西大街交汇，横跨汴河的州桥夜市是汴京城规模最大、种类最齐全的夜市。"州桥至龙津桥是全城的商业中心，尤其以夜市著名，州桥附近的东西大街、朱雀门外的东西大街、宫城东华门外的南北大街等，都是重要的商业街。"从州桥南去，出内城，过龙津桥至蔡河都是州桥夜市的范围，这里堪称大宋都城的市中心。以州桥为界，西侧多为青楼楚馆，通宵达旦，莺歌燕舞，接待的不是达官贵人就是落魄才子。州桥东侧多为各色饭庄，包子、馄饨、肉干、果脯、点心、饮子、茶摊，凡是你能想到的，那里都能找见，是各类老饕时常光顾的地方。

出朱雀门，直至龙津桥，自州桥南去，当街水饭、爊肉、干脯、王楼前獾儿、野狐、肉脯、鸡。梅家鹿家鹅鸭鸡兔肚肺鳝鱼包子，鸡皮、腰肾、鸡碎，每个不过十五文。曹家从食。至朱雀门，旋煎羊、白肠、鲊脯、火赞冻鱼头、姜豉（剿）子、抹臓、红丝、批切羊头、辣脚子、姜辣萝卜。夏月麻腐鸡皮、麻饮细粉、素签砂糖、冰雪冷元子、水晶皂儿、生腌水木瓜、药木瓜、鸡头穰砂糖、绿豆、甘草冰雪凉水、荔枝膏、广芥瓜儿、醎菜、杏片、梅子姜、莴苣笋、芥辣瓜儿、细料馉儿、香糖果子、间道糖荔枝、越梅、鉫刀紫苏膏、金丝党梅、香枨元，皆用梅红匣儿盛贮，冬月盘兔、旋炙猪皮肉、野鸭肉、滴酥水晶鲙、煎夹子、猪脏之类，直至龙津桥须脑子肉止。谓之杂嚼，直至三更。

——孟元老《东京梦华录》

由此可见，夜市上的美食不仅种类繁多，而且物美价廉，普通百姓都消费得起。除此之外，州桥夜市也遍布着各类商店，当铺、药铺、书铺、铁匠铺、裁缝铺、瓷器店、陶器店、漆器店、铁器店、珠宝店、花店、纸店、绸缎庄、镖行、算命摊……衣食住行的各个领域几乎全部囊括在内。《清明上河图》中的"赵太丞家"的医馆，就类似于今天的妇科、儿科医院，坐堂的大夫正在问诊，前来看病的妇女怀里抱着孩子，正和郎中交谈着。

为了招揽生意，汴京城的商家们也是挖空心思，绞尽脑汁。除了雇

"赵太丞家"医馆　（宋）张择端《清明上河图》（局部）

用年轻貌美的姑娘在门前揽客，也发明了一些在当时属于"高科技"的新鲜玩意。《清明上河图》中供客人们歇脚的小客栈"脚店"，为了在夜间也能招揽更多生意，就把招牌做成了中空的长方体，里面点上蜡烛，夜里尤其醒目，这大概是有确切记录的中国古代最早的灯箱广告了吧。

有学者统计，北宋汴京的商行大概有160多行，行户则有6400多户之多。各行各业汇聚在一起，衍生出规模宏大的夜市经济和夜市文化。如此繁华的夜市，难怪会让大才子柳永沉湎其中，也让另一位才子苏轼写下了"龙津观夜市，灯火亦煌煌"的诗句。除了固定的店铺，汴京城的大街小巷里还有数不清的行商。这些走街串巷，挑担叫卖的货郎，往往是小孩子们追逐的对象。南宋著名画家李嵩创作的《货郎图》就是描绘宋代女人、孩子在货郎前围观购买的场景。拨浪鼓、陶娃娃、

有灯箱广告的行脚店　　（宋）张择端《清明上河图》（局部）

（宋）李嵩《货郎图》（局部）

彩绘葫芦，还有各色糖果小吃，孩子们最欢快的时候就是围绕着巷口的货郎之时了。

宋朝人对夜市的迷恋从北宋一直延续到南宋，据南宋耐得翁的笔记《都城纪胜》记载：南宋临安"自大内和宁门外，新路南北，早间珠玉珍异及花果时新、海鲜、野味、奇器，天下所无者，悉集于此；以至朝天门、清河坊、中瓦前、灞头、官巷口、棚心、众安桥，食物店铺，人烟浩穰。其夜市除大内前外，诸处亦然，惟中瓦前最胜，扑卖奇巧器皿、百色物件，与日间无异。其余坊巷市井，买卖关扑，酒楼歌馆，直至四鼓后方静；而五鼓朝马将动，其有趁卖早市者，复起开张。无论四时皆然。如遇元宵犹盛，排门和买，民居作观玩，幕次不可胜纪"。或许，只有在繁华的夜市里，南渡的遗民们才能找回一些故乡的记忆吧。

节日里的汴京夜市比平时更加繁华热闹，尤其是上元灯节，更是人山人海，沸反盈天。宋人蔡绦在《铁围山丛谈》中记载："天下苦蚊蚋，都城独马行街无蚊蚋。马行街者，都城之夜市酒楼极繁盛处也。蚊蚋恶油，而马行人物嘈杂，灯火照天，每至四鼓罢，故永绝蚊蚋。上元五夜，马行南北几十里，夹道药肆，盖多国医，咸巨富，声伎非常，烧灯尤壮观。故诗人亦多道马行街灯火。"书中的描绘未免夸张，但足以看出，节日期间汴京夜市笙歌鼎沸的欢乐景象。

《东京梦华录》中也曾介绍了当时汴京城七十二家酒楼之最的白矾楼，经宣和年间的扩建，楼宇相连，壮阔非凡。白天熙来攘往，夜晚灯火辉煌，不仅达官显贵云集，就连辽、夏、高丽的客商也不远万里慕名而来，堪称那个时代的"迪拜七星"。

繁闹的汴京城，还汇聚了天南地北的艺人。民众聚而观之，彻夜狂欢。"百戏诸伎甚精者，皆挟法术。元丰中有艺人，善藏舟，用数十人举而置之，当场万众不见也。尝经御楼前，上下莫不骇异。裕陵见之，曰：'其人但行往来舟上耳。'故知假逛不能逛真人。"（宋·蔡绦《铁围山丛谈》）

除了各色美食和焰火表演，夜市里还有一项老百姓喜闻乐见的体育项目——相扑。《水浒传》中绰号"没面目"的焦挺就是一位职业相扑手，祖传绝技三十六路擒龙手，论徒手搏斗，李逵也不是他的对手。

除了男子相扑，女子相扑运动在宋朝也十分兴盛。《水浒传》中的段三娘就是这样一位巾帼不让须眉的女相扑手。宋朝女子在各行各业的参与度远比保守的明清时代高得多。元宵佳节,皇帝也会亲临夜市,与民同乐。观赏女子相扑术,也成了君臣同乐的消遣。然而,这一切在古板的司马光眼中简直是有违礼教,不堪入目,他曾向宋仁宗谏言道:"今上有天子之尊,下有万民之众,后妃侍旁,命妇纵观,而使妇人赢戏于前,殆非所以隆礼法,示四方也。陛下圣德温恭,动遵仪典,而所司巧佞,妄献奇技,以污渎聪明。窃恐取讥四远……伏望陛下因此斥去;仍诏有司,严加禁约,令妇人不得于街市以此聚众为戏。"(宋·司马光《论上元令妇人相扑状》)如此看来,宋代社会的开放程度也远比后来的明清两代开明、包容许多。

逛夜市的宋人

每逢节日,不仅是夜市,整个汴京城都会更加多彩绚丽。熙宁二年(1069年),初入中枢的王安石在神宗皇帝的信任下正准备大显身手。这年元旦,心情大好的王安石目睹汴京城新岁更始万家祥和的幸福景象,欣然落笔写下了这首脍炙人口的《元日》。

爆竹声中一岁除,
春风送暖入屠苏。
千门万户曈曈日,
总把新桃换旧符。

　　欢乐的节日气氛无疑是汴京城最好的点缀，不仅是众多文人骚客和达官显贵，就连高高在上的皇帝也曾沉醉于汴京的繁华而不能自拔。有一天，被誉为"书画天子"的宋徽宗赵佶夜游汴京城，只听得远处笙歌鼎沸，汴京城的夜市热闹非凡，喧嚣过后，又看到皓月如昼，万家帘幕的迷人夜色，不禁欣然命笔：

　　宫梅粉淡，岸柳金匀，皇州乍庆春回。凤阙端门，棚山彩建蓬莱。沈沈洞天向晚，宝舆还、花满钧台。轻烟里，算谁将金莲，陆地齐开。

　　触处笙歌鼎沸，香鞯趁，雕轮隐隐轻雷。万家帘幕，千步锦绣相挨。银蟾皓月如昼，共乘欢、争忍归来。疏钟断，听行歌、犹在禁街。

　　　　　　　　　　　　　　　　北宋·赵佶《声声慢·春》

　　徽宗的词，即使放在文星璀璨的北宋词坛中也属上品。宋代皇室子弟自幼就受到良好的教育，尤其在诗词领域，赵佶堪称古代帝王中数一数二的高产作家。

　　当然，才华大，玩心也不小。《大宋宣和遗事》中记载了这样一件趣事：徽宗宣和年间，百业升平。每逢元宵佳节，皇帝还会在皇城端门摆御酒，赐予百姓，名"金瓯酒"。一年元宵节，一对小夫妻游览汴京夜市时不慎走散。恰逢皇帝与民同庆元宵，施酒于百姓，小女子抢到一杯一饮而尽，并顺道把盛酒的金杯塞入怀中，准备偷偷带走。巡查的禁军发现后，将其送到皇帝面前。女子毫无惧色，张口吟来：

　　月满蓬壶灿烂灯，与郎携手至端门。贪看鹤阵笙歌举，不觉鸳鸯失却群。

天渐晓，感皇恩。传宣赐酒饮杯巡。归家恐被翁姑责，窃取金杯作照凭。

《鹧鸪天·月满蓬壶灿烂灯》

听闻后，徽宗皇帝不但没有追究她的偷杯之罪，反而对这首词大加赞赏。这位女子的真实姓名已不可考，后人遂以"窃杯女子"呼之。

不可否认，宋徽宗的才情相比历史上的文人雅士毫不逊色。相传徽宗年间，一日月朗风清，徽宗与嫔妃对坐于土堆之上，突然灵机一动，吟出上联："二人土上坐。"此联乍一听并无新意，但细细琢磨，二人在土上，不正是一个"坐"字吗，简洁而新奇的五个字，恰巧是一个绝妙的拆字上联。妃子起身，稍稍一想，计上心来，伸手指着明月道："一月日边明。"仄起平收，押韵合辙，且这下联月在日边，恰恰是一个"明"字。且当夜风轻云淡，玉壶当空，唯有赵佶伫立月边，此联又暗指赵佶为日，所谓真龙天子，如日中天。如此奉承之话，委婉而精妙，赵佶听后哈哈大笑，不禁赞叹妃子的才思敏捷。可见，长期浸润在大宋皇家崇文尚古的风气下，就连后宫佳丽也能诗擅赋，博学多才。

是夜，火树银花，各色灯盏交相辉映，汴京城一派灯火辉煌，皇帝与民女关于一盏酒杯的故事成了汴京城的一大佳话，因而也留下了另一首传世的名词：

桂魄澄辉，禁城内、万盏花灯罗列。

无限佳人穿绣径，几多妖艳奇绝。

凤烛交光，银灯相射，奏箫韶初歇。

鸣鞭响处，万民瞻仰宫阙。

妾自闺门给假，与夫携手，共赏元宵节。

误到玉皇金殿砌，赐酒金杯满设。

量窄从来，红凝粉面，尊见无凭说。

假王金盏，免公婆责罚臣妾。

《念奴娇·桂魄澄辉》

早市、草市、鬼市，市市兴隆

除了夜市，北宋汴京城还有早市、草市和鬼市。每天四更起，街面上的店铺纷纷拆开门板，生火热灶，烧水起锅，热腾腾的笼屉里，蒸着白面馒头。打开笼屉盖头的一刹那，白色的雾气一下子溢出来，香喷喷的早点进肚，汴京人的一天才算真正开始。《水浒传》里武大郎

卖面点的商贩　（宋）张择端《清明上河图》（局部）

一大早就挑着扁担到街市上卖炊饼，可以算是今天早点摊的雏形。在《清明上河图》也有类似的场景：面食店里的小贩正给顾客递过刚出笼的面饼，旁边的蒸笼里还不时有热气窜出。

其实，北宋的早市远比我们想象中的更加繁华热闹。随便一个街角，就能看见三五成群的食客围坐在桌子旁，大口吃着热气腾腾的饭食，各式花样繁多又实惠美味的早点为赶早的人们驱走了清晨的寒气，带来一整天的好精神。

随着城市人口"溢出"，"在城郭之外形成新的聚居区及其市场'草市'。"[6]所谓草市，指的是乡村集镇上定期的集市，有点类似于今天农村的大集。开市的当天，人们赶着骡马，骑着毛驴，挑着扁担，来到集市上。相比城里的闹市，乡村的草市只能算是"草台班子"，但是热闹程度却丝毫不亚于大城市。农闲时段，农户们会把自己酿的酒、腌的咸菜，甚至是做的草鞋、草帽都拿来集市上卖，互通有无，彼此方便。一来二去，草市就成了北宋特有的乡村集市文化，并一直影响到今天。

鬼市，之所以得此名，一是因为鬼市通常都是凌晨天明前开市，天刚刚一擦亮就散了。一是因鬼市上卖的一般都是些平日少见的古董、家具、衣服甚至寿材。假东西、来路不明的东西、非法的东西是鬼市最主要的货源。虽然假货充斥，但在鬼市也会有捡漏的机会。一些家道中落之人或不肖子孙兜售祖先遗物甚至祖产，往往会选择这种昏暗不清的街市，能卖个好价钱，还不会受到邻里的指责。卖家摆一盏昏暗的灯笼，

---

[6] 包伟民：《宋代城市研究》，中华书局2014年版，第190页。

照亮货品，自己却隐在光影后面。买家提一盏小灯，一家一家闲逛，看货不问来处，看好了一手交钱一手交货。这样的鬼市往往成为一些见不得人的交易的最佳场所。

总而言之，无论是早市、草市、鬼市还是夜市，都是北宋商品经济空前繁荣的体现，商业的发达促进了人们生活水平的提高。因此，相比汉唐时期，生活在宋朝的老百姓更加惬意舒适。

新月初升，星光浩渺，辽阔的夜空下，是万家灯火的汴京，不远处升起了点点萤火，那是河畔许愿的人们放飞的孔明灯，灯火盘旋，仿佛夜空中的萤火虫，为我们诉说着这座千年古城醉人的往事。

宋人的食谱

宋朝物阜民丰，百业兴盛，衍生出了独有的饮食文化。

宋代兴起的丰富的饮食文化，源自于生活习惯的变化。在宋代以前，普通人一日二餐。自宋代开始，随着都市夜生活的丰富，坊市之间的界限被彻底打破，做生意没了时间限制，餐饮店铺更是可以通宵达旦地营业，因而，宋人开始有了吃晚饭的习惯。当然，普通人用餐次数的增多也得益于粮食产量的提升和食材种类的日益丰富。据记载，自真宗年始，占城稻就被广泛种植于两浙、江淮等传统稻米产区，水稻产量显著提升。人们的米袋子鼓了，饭碗里自然也就多了花样。自此，一个"吃货"们向往的时代开始了。

夜晚的汴京城无疑是热闹非凡的，各种吃食琳琅满目，相比白昼的喧嚣，夜晚的汴京食谱更加引人回味。《清明上河图》为我们展示了宋朝街市上的众多小吃和饭铺，有达官显贵光顾的正店大酒楼，也有为市井小民提供歇脚地的路边大排档。夜生活的普及也让北宋人养成了吃夜宵的习惯。宋代蔡绦的《铁围山丛谈》中记载："近世儿女戏，有《消夜图》者，多为博路以竞胜负。而作'消'字，或谓可消长夜，非也，乃《元宵夜图》耳。吾待罪西清时，于原庙祖宗神御诸殿阁遇时节，则皆陈设玩好之具，如平生时尝得见。《宵夜图》者，皆象牙局，为无宵夜起，自端门及诸寺观，作游行次第。疑《宵夜图》本此。"

酒楼与茶坊

说起饮食，正店大酒楼无疑是《清明上河图》的高潮部分，这里位于城门口，南来北往的客商汇集。所谓"正店"，经考证并不是酒楼的本来名称，而是代表着北宋开封府授权的正式酒楼。相比于"脚店"，这种酒楼的规模更大，接待层次更高，有经营诸如酿酒、售酒等专营业务的权利。酒楼的门口聚集着许多驴车，驴车一旁则是摩肩接踵的行人和客商。酒楼被布置得富丽堂皇，"正店"两个字的招牌尤其醒目，仿

"正店"酒楼 （宋）张择端《清明上河图》（局部）

佛彰显着它在这条街上独一无二的显赫地位。

在酒楼门口的彩球和彩带下，伫立着一个正在兜售商品的女子，细瞧之下，原来是售酒的歌妓。女子动作轻佻地勾揽客人，而穿戴体面的客人则若无其事地看着旁边老农菜筐里的菜。对有钱人来说，正店大酒楼是消遣娱乐的地方，而对城市底层的赤贫百姓来说，这里也充满着糊口的"商机"。

当然，除了自家酿制的美酒，酒楼最重要的功能还是饮食。自宋仁宗开始，北宋实行了新的酒榷制度，即酒水不再只能官营，而是由官方售卖酒曲，即官榷，得到授权的私营酒楼可自行酿酒。"官榷的特点是，曲由官府即都曲院造，从曲值上获得利润；而酒户则购买官曲酿酒沽卖，从卖酒中获得利润。"[7] 如此一来，酒的种类一下子多了起来，各家为了吸引顾客也争相改良酿酒工艺，这种办法使北宋酿酒业得到了长足发展。

除了酒，喝茶自然也是少不了的。陆羽《茶经》曾言："持以逼火，屡其翻正，候炮出培塿，状虾蟆背，然后去火五寸，卷而舒，则本其始，又炙之。"仅一道煮茶的工序就十分烦琐。宋人喝茶讲究活火，香飘满屋，浸润脾肺。当然，对普通百姓来说，喝茶大多只是解渴，但对文人士子而言，喝茶是一种高雅的文化。正如后世《红楼梦》中妙玉对喝茶的理解："一杯为品，二杯即是解渴的蠢物了。"

宋朝的茶叶以紧压茶为主，我们今天喝的散茶，宋代的文人雅士多

---

[7] 漆侠：《宋代经济史》，中华书局2009年版，第881页。

茶坊一角 （宋）张择端《清明上河图》（局部）

半是看不上的。因为只有好的茶叶才会被碾碎捣成膏，用木模子压制成圆饼状，制成"团茶"。散茶，那都是些茶叶末，上不了台面。当时福建建安的御用团茶一斤高达二两金子。在宋代，文人学士将饮茶玩出了一个新的高度，除了讲究观色、选水、闻香、品味和茶器，并要配合环境、吟诗、听琴之外，还发明了一项斗茶活动——点茶。

点茶可是门技术活儿：先用专门的茶碾将茶饼碾碎放置碗中，冲少量水调成茶膏，一边加沸水一边用茶筅击打、搅拌，使其能变成供人饮用的乳状茶液。在击打、搅拌过程中，茶汤的表面会出现白色泡沫，形成各种各样的汤花，颇似现在流行的咖啡拉花。

点茶是否成功，不仅要看茶的味道是否醇厚，更重要的是看汤花。汤花以色白为上品，茶水以混融时间久聚不散为上。宋代的时候，全国上下斗茶成风，连皇帝也对此颇有钻研。宋徽宗甚至当着臣子的面亲自点茶、斗茶，还写了一本介绍茶叶的著作——《大观茶论》。可见宋人生活的惬意与讲究。

在《清明上河图》里就能看到许多茶坊。汴河旁的茶坊里，人们惬意地点上一杯茶，三五好友小聚，慢节奏的一天就开始了。朋友们在此谈天说地，纵古论今，正如宋人吴自牧在《梦粱录》记载的"文人四艺"："烧香点茶，挂画插花，四般闲事，不宜累家。"由此看出，饮茶是文人雅士的恬静追求，也是宋代市民阶层的生活时尚，反映了宋人对茶文化的挚爱。

在宋人的餐桌上，各种肉类食材十分丰富。但相较而言，达官显贵更爱食羊肉，市井小民则以食猪肉为主。不过相比羊肉鲜嫩的口感，猪肉要想做得好吃，烹饪技法很重要。但这难不倒北宋的众多"吃货"们。苏东坡有词曰：

> 净洗铛，少著水，柴头罨烟焰不起。
> 待他自熟莫催他，火候足时他自美。
> 黄州好猪肉，价贱如泥土。
> 贵者不肯吃，贫者不解煮。
> 早晨起来打两碗，饱得自家君莫管。
>
> 北宋·苏轼《猪肉颂》

于是乎，东坡肉就诞生了。

宋代都市酒楼林立，为满足不同客人的需要，也分出了各种不同的类型。在南宋临安城，"包子酒店，谓卖鹅鸭包子、四色兜子、肠血粉羹、鱼子、鱼白之类，此处易为支费。宅子酒店，谓外门面装饰如仕宦宅舍，或是旧仕宦宅子改作者。花园酒店，城外多有之，或城中效学园馆装折。直卖店，谓不卖食次也。散酒店，谓零卖百单四、七十七、五十二、三十八，并折卖外坊酒。门首亦不设油漆权子，多是竹栅布幕，谓之打碗，遂言只一杯也。却不甚尊贵，非高人所往"。（宋·耐得翁《都城纪胜》）

在正店大酒楼里，吃是十分讲究的。不仅餐具要名贵，而且氛围也极佳。除了一楼宽阔的大厅，二楼也有僻静幽然的雅室。酒楼里也会时不时走来一些卖唱的艺人，拿着简单的乐器游走在各桌客人之间，客人们如果有兴致，可以呼来点歌，再给一些打赏的"小费"。当然了，也有客人更喜欢古雅的音乐。相比一楼的喧闹，二楼的雅间则精致许多。只等主宾落座，丝竹声起，各色精致摆盘的菜品被一一呈上，其中最具特色的要数来自西京洛阳的水席了。

宋太祖生于洛阳，定都汴京后，对故乡的美食十分怀念。于是，洛阳水席便进入了汴京，成为达官显贵争相品尝的美味。

所谓水席，就是如流水一般连续上菜的席面，热汤热菜，讲究每道菜品都有汤水。水席上，通常有冷热二十四道，除去开场四荤四素的冷盘，热菜共计十六道，包括四道镇桌菜、八大件以及最后的四道压轴大菜。冷盘下酒开胃，清凉爽口。酒过三巡后再上热菜，热菜由燕菜、鲤鱼、腐乳肉、海米炖菜四大件打头阵，"快三样"、五柳鱼、鸡丁、鱼仁、鹌脯、八宝饭、拔丝、糖醋里脊组成的八大件暖场，最后由"金猴探海""鱼翅插花""开鱿争春""碧波伞丸"四道菜压轴。水席的历史可追溯到武则天时期，对应了武则天一生辉煌的历程。诚所谓有先有后，主次分明，客人在品尝丰富菜肴的同时，也能感受到人间冷暖和苦辣酸甜。

路边摊与小酒馆

吃过水席，再逛逛汴京城的大排档。《清明上河图》里可见遍布各处的路边饭铺，这些平民小吃相比达官显贵的奢华烦琐，更加注重实惠和快捷，因此就餐的多为船夫、脚夫、车夫、纤夫、货郎以及乡下进城

汴京街头的大排档　（宋）张择端《清明上河图》（局部）

的农夫。所谓"车船店脚牙"，五行八作的百姓们只能吃得起这路边的大排档。这些店铺往往临河而建，有的干脆就是一张大伞下的小摊，食客们快吃快走，也不耽误干活，好似今天的"快餐车"。虽然面向底层社会，但是小小的大排档内自有乾坤，逐步发展出了花样繁多的菜式，如骨头羹、撺肉羹、鸡羹、鸭羹、鱼羹、杂合羹、辣瓜儿、糟黄芽、糟瓜齑、煎鱼、煎肉、蝴蝶面、冻鱼、冻肉、煎鸭子、肚尖、罐儿肉等种类繁多的平民小吃。《清明上河图》中可以看到，伞下的摊主正在烙饼，路过的人被饼香吸引，驻足停留。

除了饭铺，生意最好的就要数随处可见的路边小酒馆了。这里的酒水很实惠，是普通人劳累一天歇脚的不二选择，而且各种下酒小菜很丰富，人们往往仅需支付十几文（约合现在的几块钱）就能吃到一份可口的下酒菜，配着小酒，一天的辛劳瞬间一扫而光。

不同的季节里，小吃的种类也各具特色。炎炎夏日，喝上一杯冰镇的饮子对食客来说是再舒服不过的享受了。《清明上河图》中，路边商贩的摊子旁，赫然立着"饮子""冰饮子"的布幌，路人从旁走过，忍不住回头望去。所谓"饮子"，就是用茶叶、药材、果品等精心熬制的饮料，口味甘甜，口感冰凉，是夏季解渴消暑的佳品。虽然我们今天无法喝到正宗的宋代"冰饮子"，但从如今盛行于两广地区的凉茶和闽南一带的"地骨露"身上还能寻到千年前宋代"饮子"的身影。

除了饮料，炎炎夏日里，宋人还能吃到如砂糖冰雪丸子、细粉素签、水晶皂儿、药木瓜、砂糖绿豆、荔枝膏、辣瓜儿、杏片等种类繁多的小吃零食。到了冬天，州桥夜市里热腾腾的肉馅馒头已经出锅，佐以红焖肉、野鸭肉、白肉、坛子肉、羊杂碎、蒸软羊、煎夹子、排炽羊、炙鸭等肉菜，实在是寒冷冬季里驱寒补暖，滋阴养胃的佳品。

宋人的餐桌

《清明上河图》中的小餐馆里，老板把菜单悬挂在大门口，人们一进门就能看到这家店里提供的餐食清单，与今天的餐馆如出一辙，这可能是迄今为止发现的世界上最早的菜单了，反映出宋代餐饮业的繁荣。

所谓煎炒烹炸，炒菜实是现今中餐里最常见的烹饪方式，但是，对比历史悠久的中华饮食文化，炒菜这一烹饪技法真正成熟成型还是在宋

挂着菜单的小餐馆　　（宋）张择端《清明上河图》（局部）

代，这与宋代铁锅的出现密不可分。虽然，早在先秦时期中华先民们就开始使用铁器，但最早主要是用作兵器，真正把铁器和烹饪联系到一起的是在南北朝时期。不过，那时的炒菜类似于今天的铁板烧，与其说是炒，不如说是烧烤。炒菜真正进入千家万户还要从宋朝说起。相比之前普通人做饭用的陶瓦罐，铁锅的出现，使得炒菜这种省时高效的烹饪技法得以走向成熟，任凭千颠万铲，铁锅也不会有丝毫破损。

宋代之所以创新了如此众多的烹饪技法，除了粮食产量的增加和手工业技术的发展，更与宋代丰富的食材密不可分。相比前代，宋朝的烹饪食材种类更加多样，大致可分为蔬菜类、水产类、肉禽类、羹类和腌腊类，仅肉禽类就可细分为羊肉、牛肉、猪肉、鸡肉、鹅肉、鸭肉、马肉、狗肉、驴肉、野禽肉等。宋朝农户几乎家家养鸡，户户饲豚，故有"莫笑农家腊酒浑，丰年留客足鸡豚"的诗句流传至今。

宋代的猪肉价廉，成为普通百姓重要的肉食来源。黄焖肉、红焖肉、坛子肉、樱桃肉、蹄脍、肉煎鱼、烀肉、松肉、扣肉、肚尖、罐儿肉、水晶脍，今天你能想到的猪肉菜肴，在宋代都有了雏形，至于名震天下的"东坡肉"，更是大文豪苏东坡的一大发明。

苏轼好吃，正如他被贬岭南时所做的《惠州一绝》中所云："日啖荔枝三百颗，不辞长作岭南人。"但作为饮食界的知名人士，苏轼的贡献还不仅于此，他曾在《格物粗谈》中详细介绍了火腿的做法："火腿用猪胰二个同煮，油尽去。藏火腿于谷内，数十年不油，一云谷糠。"由此看来，至迟在北宋，人们就已经开始制作并食用火腿了。

相比普通百姓吃猪肉，富人则更喜吃羊肉。如果说吃猪肉是为了

东坡肉

佐饭，那食羊肉纯粹是为了尝鲜，宋人范成大赞之曰："（羊）举体悉化为肪，不复有血肉，食之宜人。"（《桂海虞衡志·志兽·乳羊》）

　　羊肉以其入口即化的鲜嫩口感为人所喜爱，由此衍生出的米脯羊、入炉羊、羊杂碎、蒸软羊、排炽羊、酒蒸羊、煎羊白肠、大片羊粉等都是有钱人家饭桌上的"常客"。今日河南，随处可见羊汤店，可见河南人对羊肉的喜爱，古已有之。

　　除了羊肉，禽肉也是有钱人家喜爱品尝的美味，如酒蒸鸡、五位焙鸡、炙鸭、咸板鸭、熬鹅、蒸鹅、八糙鹌子等。除此之外，牛肉、鹿肉、蛙肉、兔肉、蛇肉也经常出现在宋代人的菜谱里。仅仅是鸡肉，宋代就有了烧、烤、蒸、卤、腌、熬、焙、炙等不同的烹饪技法。宋人吴自牧在《梦粱录》中记载南宋富贵人家吃饭："凡饮食珍味，时新下饭，奇细蔬菜，品件不缺。"

不仅是肉禽，各种鱼类也是宋人喜食的美味。主要有糖醋熘鱼、姜燥子赤鱼、海鲜脍、鲤鱼脍、鲫鱼脍、鲈鱼脍、群鲜脍、油炸春鱼、酿鱼、银鱼炒鳝、两熟鲫鱼、酒蒸白鱼、酒蒸鲥鱼、酒蒸石首、酒吹鳜鱼、春鱼、鲂鱼、石首鱼、炒鳝、莲房鱼包、假清羹、江鱼假蛾、水龙江鱼、清汁鳗鱼、冻石首、冻白鱼、酥骨鱼、鱼头酱、炙鳗、炙鳅、满盒鳅等。这其中最具代表性的就要数糖醋熘鱼了。它以黄河鲤鱼为原料，热油炸透，浇上糖醋汁，外焦里嫩，酸甜可口。这道糖醋熘鱼就是今天风靡大江南北的豫菜第一名菜"鲤鱼焙面"的前身。

除了吃鱼，虾蟹也是宋人喜爱的食材。酒蟹、赤蟹、渫蟹、炒蟹、洗手蟹、溪蟹、奈香盒蟹、蝤蛑签、枨酿蟹、酒酱蟹、炒螃蟹、糟蟹、蟹鲊、酒法青虾、虾鱼肚儿羹、紫苏虾、虾包儿、虾蒸假奶、酒法白虾、查虾鱼、虾元子、芥辣虾、虾茸、姜虾米、水龙虾鱼等都可以在宋人的餐桌上看到。

丰富的水产资源，也衍生出了众多烹饪技法，如蒸、煮、炸、腌、酱、腊、撑等。为了品尝更加鲜美的鱼，宋代的老饕们甚至不惜"以身试法"，只为吃到那一口鲜嫩的河豚肉。北宋名士梅尧臣有诗《范饶州坐中客语食河豚鱼》：

春洲生荻芽，春岸飞杨花。

河豚当是时，贵不数鱼虾。

其状已可怪，其毒亦莫加。

忿腹若封豕，怒目犹吴蛙。

庖煎苟失所，入喉为镆铘。

若此丧躯体，何须资齿牙。

持问南方人，党护复矜夸。

皆言美无度，谁谓死如麻。

我语不能屈，自思空咄嗟。

退之来潮阳，始惮飧笼蛇。

子厚居柳州，而甘食虾蟆。

二物虽可憎，性命无舛差。

斯味曾不比，中藏祸无涯。

甚美恶亦称，此言诚可嘉。

除了大鱼大肉的荤菜，宋代的素菜也有着其独特的饮食魅力。莴苣、大蒜、菠菜、芥菜、大头白、小头白、水芹、萝卜、黄瓜、葫芦、水茄、韭菜、茭白……种类繁多的蔬菜造就了各式素食菜肴。如南宋周密所做《武林旧事》中就记载了如莼菜笋、辣瓜儿、冬瓜鲊、笋鲊、藕鲊、菱白鲊、糟琼枝、皮酱、糟黄芽、糟瓜齑、鲊菜、脂麻辣菜、醋姜、拌生菜等诸多素食菜肴。

当然，汤羹类菜品也是宋人食谱上不可缺少的一部分。仅《梦粱录》中就记载了几十种汤羹菜谱，如杂辣羹、杂彩羹、鹌子羹、螃蟹清

羹、群鲜羹、豆腐羹、百味韵羹、江瑶清羹、虾鱼肚儿羹、虾玉鳝辣
羹、笋辣羹、青虾辣羹、撺肉羹、鸡羹、鸭羹、黄鱼羹、土步辣羹、鱼
辣羹、肚儿辣羹、耍鱼辣羹、猪大骨清羹、杂合羹、骨头羹等。各色精
美的汤品不仅营养丰富，口味各异，更调出了只属于大宋的美味。

除此之外，腌腊类的菜肴也是大宋食谱上的重要一环。宋人吴自牧
在《梦粱录》记载了宋朝江南地区的海腊、野味腊、糟脆筋、姜虾、鲜
鹅鲊、大鱼鲊、诸色姜豉、鲜蝗鲊、筋子鲊、鱼头酱、寸金鲊、银鱼
脯、梅鱼干、鲚鱼干、银鱼干、白鱼干等众多腌、腊而成的美味。宋朝
菜在调味技法上呈现南北交融，酸甜共济的特点，由此形成了北方菜
肴、南方菜肴和四川菜肴等各具特色的地方菜系，为后世中华八大菜系
的衍生发展奠定了基础。

说完了煎炒烹炸的各色菜品，不得不说一下宋人的主食，北方人主
食以麦、粟为主，南方人则以水稻为主，而地处水路交汇的汴京结合了
南北饮食特点，主食以面食为主，发展出了许多花样，其中最有影响力
的当属包子了。

包子是我们日常生活中最常见的一种主食，荤馅的叫肉包子，素馅
的叫菜包子，北方人喜欢把红豆做成馅放在包子里，这叫豆沙包，广东
人用叉烧肉做馅，是为叉烧包，此外，还有奶黄包、海鲜包和东北的黏
豆包，无论是馅和皮都有无数的花样。可以说，包子是我们每个中国人
从小到大离不开的食物，无论南北，每当掀开蒸笼的一刹那，除了香
味，还有乡愁。

说起包子的起源，就不得不从诸葛亮七擒七纵孟获讲起了。相传，

蜀汉丞相南征归来，路过泸水，正准备渡江的时候，忽然狂风大作，江涛涌起，伴随着阵阵阴风怪叫，众人面面相觑，心中惶恐不安。诸葛亮找来当地人一问才知，原来是南中之战阵亡将士的孤魂在此兴风作浪，若想渡江，需用人头之礼祭祀。诸葛亮不忍杀生，思忖片刻心生一计，命人将包裹着牛羊肉的面团塑成"人头"丢入江中，顿时风消浪住，三军得以顺利班师。后来，便以"馒头"（蛮头）作为这种面食的名字，从此流传开来。

到大宋朝，相比一千年前，人们的饭桌上异常丰盛，不仅各式炒菜花样繁多，各种面点也是琳琅满目。包子，我们姑且还叫它馒头，此时也进入了千家万户的餐桌上。据史料记载，宋仁宗赵祯刚出生时，喜出望外的真宗皇帝向大臣赏赐一种名叫包子的食物，只不过，这里面包的不是馅儿，而是金银珠宝。

宋朝的第六位皇帝宋神宗有一次视察太学，顺便吃了一顿太学食堂餐，那天正好做馒头（包子）。神宗皇帝一下子就被这"馒头"的味道吸引了。从此，"太学馒头"的美名便传遍了京师，传到了中原各地。不过相比今天的包子，那时候的"太学馒头"长得实在有点蠢萌。因为它用发面做皮，形似葫芦，外表洁白光滑，内腹却藏乾坤，以切好的肉丝作为主料，辅以花椒、盐和其他香料，咬上一口，鲜嫩软滑富有弹性，汤汁饱满回味无穷。这"太学馒头"，就是如今开封名吃"一品包子"的由来。

据说宋室南迁时，"太学馒头"也随着南宋朝廷来到了临安（今杭州），落户南方的"馒头"并没有水土不服，而是很快征服了当地人的味蕾，成为临安城的著名小吃，并由此发展出了"杭州小笼包"。由此看来，吃货不分南北，好吃才是王道。

一直到了清代，"馒头"的叫法才出现分化。人们将没馅儿的称馒头，有馅儿的称包子。

以上说的都是发面包子，可包子的种类实在太多了，有的根本就不是面做的，比如东北的黏豆包，空顶了一个"包"的名分，却被当作了饭后甜食。当然，还有一类包子的主力军，那就是小笼包。

今天，站在满是蒸气的开封夜市摊位前，恍惚中，仿佛回到了千年前的北宋。也是那样一个夜里，人头攒动的汴河两岸，包子铺、面馆、饮子摊鳞次栉比，南来北往的客商，总会忍不住停下匆匆的脚步，或点一杯消暑气的冰镇饮子，或叫一笼刚出锅的灌汤包子，吃完喝罢，劳累全消，这一切无不印证了"民以食为天"这句古话。

除了本土食材，外来农作物也让宋代的美食更加丰富多彩。自汉代丝绸之路开辟以来，中亚、西亚和欧洲的众多果蔬品种源源不断地流入中土，如葡萄、胡萝卜、菠菜、胡豆、胡椒、石榴、黄瓜等。宋代海运业发达，使得诸如占城稻等谷物新品种得以源源不断地进入中国。这些外来农作物的传入极大地丰富了宋人的餐桌，也为中华饮食文化的发扬光大奠定了基础。

围桌而食，从宋人开始

除了烹饪技法的革新，就餐方式也在那个时代悄然发生了变化。从先秦时代开始，中国人都是席地而坐，分餐而食，这种风俗一直延续到五代十国时期。我们可以从南唐画家顾闳中所作《韩熙载夜宴图》中清楚地看到，至少在五代时期，中国人的传统就餐习惯还是分餐制。

但是，观察《清明上河图》不难发现，图中的酒肆饭馆里，人们已经围坐一桌，就餐模式呈现出明显的合餐现象。由分餐制至合餐制，这是中国饮食文化的重大转变，其影响一直持续到今天。那么，是什么原因导致了这种改变呢？据学者分析，真正导致合餐制兴起的原因是椅子和胡床的普及，人们开始摆脱了那种双腿叠压在一起的跪坐，高出地面的椅子、凳子，使得人们可以在就餐的时候靠得更近。于是，合餐制也就自然而然地普及开来。随着宋代合餐制的逐步成型，宴饮间的觥筹交错更加方便，中国传统的饭局文化也由此逐渐发扬光大。

围桌而食　（宋）张择端《清明上河图》（局部）

（南唐）顾闳中《韩熙载夜宴图》（局部）

　　但同时我们也应意识到，宋代处于中古饮食文化向近古饮食文化的转型时期，以《清明上河图》中河边的饭铺为例，图中虽然布满了桌椅，但是桌子的高度将将到人的膝盖，与今天的大排档类似，所以有可能是受桌子高度的影响，当时的合餐制与今天还是有一定区别的，仍然保留了一些分餐制的残余风俗。

宋朝的外卖小哥

　　随着宋朝经济社会的发展，普通市民阶层不断壮大。手里有了闲钱，就想下馆子改善生活。于是，餐饮业成为北宋的朝阳产业。也有很多人，干脆连馆子也懒得下，托人叫餐，翻台率极高的各大饭铺酒楼也乐得这种两下方便的模式。于是，在堂食之外，叫餐服务成为宋朝餐饮界的又一大发明。那么，在没有手机的宋朝，人们是如何点外卖的呢？其实很简单，只需要事先和店家说好第二天的餐食，到时候店家就会准时把餐品送到家门口，当然，有钱人家还会直接派伙计去饭店订餐。除此之外，店家也会时常派小二走街串巷吆喝，听到吆喝声的顾客会把想点的餐食告诉小二，等小二回去把餐食送来。

　　《清明上河图》中可以清楚地看到宋朝的"外卖小哥"正在为点餐的客人送外卖的场景。一个饭店的伙计一手端着两只碗，一手提着筷子。这就是北宋汴京城标准的外卖送餐员。至于送到哪里，我们虽然不得而知，但是从他手上拿着的饭食来看，更像是普通百姓吃的快餐。宋代面向普通人的餐饮消费其实并不高，以早餐为例，只需十几文就能吃得很好。普及到百姓的外卖业务成为北宋餐饮业繁荣发展的又一重要例证。

北宋的外卖小哥　　（宋）张择端《清明上河图》（局部）

第三章

清明时节雨纷纷

　　《清明上河图》描绘的是北宋汴京城民间生活的百态。但是，任何事物都是两面的。构成那个时代的不仅仅是民间百态，还有皇家的纷纷扰扰。在了解北宋民间生活的同时，不妨也聊一聊北宋皇帝的一点家事。

　　北宋建隆二年（961 年）冬天的一个夜晚，大雪飘漫在汴京城的上空，一片银白之下，一对兄弟正急匆匆地行走在漫无边际的雪夜里。二人的脚步停在了一座宅院门前，弟弟去叩门，不一会儿，一位 40 岁上下的中年人小跑着出来，将兄弟二人迎进屋内。

　　房间不大，屋里的陈设也很简单，昏暗的烛火下，中年人露出了清晰的面容，他叫赵普，当朝宰相。兄弟二人卸下雪衣，抖抖帽顶的积雪。弟弟叫赵光义，殿前都虞侯，也是后来的宋太宗；哥哥叫赵匡胤，北宋的第一位皇帝宋太祖。一番寒暄过后，兄弟二人说明了来意。原来，赵匡胤虽然黄袍加身成为开国皇帝，但是距离一统天下还很遥远，为此特来向赵普询问计策。赵普向皇帝分析了当前的形势，指出了统一天下面临的障碍，并给出了许多建议。最终，君臣三人定下了"先南后北""先易后难"的整体策略，这一策略成了后来北宋统一战争的指导方针。三人聊了一夜，直到天边泛白，这就是历史上有名的"雪夜定策"。

　　同年，杜太后病逝。《宋史纪事本末》中对杜太后临终前给赵匡胤的嘱托做了详细记载："汝知所以得天下乎……正由柴氏使幼儿主天下耳。若周有长君，汝安得至此！汝百岁后，当传位光义，光义传光美，光美传德昭。夫四海至广，能立长君，社稷之福也。"赵匡胤含泪答应了母亲，赵普于一侧写下誓书，装于金柜之中，是为"金匮之盟"。后来，赵匡胤果然传位给了弟弟。只是到底是心甘情愿还是被逼无奈，我们已无从得知。赵光义即位，是为宋太宗，他将兄长和胞弟的孩子都视为己出，称作"皇子"。北宋初年的这一幕兄终弟及的大戏，维持了皇位传接的稳定，更决定了此后中华300年的命运。

北宋太平兴国四年（979年），赵光义亲征北汉，誓要补齐这一统天下的最后一块拼图。英勇的宋军把太原城团团围住，截击并打退了辽国的援兵。最后，北汉后主刘继元开城投降，五代十国的乱局终于结束。但赵光义并不满足，他选择继续进兵，对辽宣战，目标是燕云十六州。数十万大军不顾疲惫，翻越陡崖峭壁的太行山，兵锋直指幽州。

然而，这一次幸运女神并没有再次降临到赵光义的头上。疲惫不堪的大军虽将幽州城围困，但却已是强弩之末。耶律休哥率领的辽国援军乘此机会果断出击，宋军大败。混乱之中，赵光义只得乘驴车仓皇逃走，可谓狼狈至极。

前方战事不明，皇帝也失联了，大宋朝廷顿时陷入一片慌乱，某些人开始蠢蠢欲动。回到涿州的赵光义，听闻众将士欲拥立太祖之子武功郡王赵德昭为帝，大为惊讶，下令班师。

京城内，本来庆贺皇帝攻灭北汉的典礼也被迫取消。灰头土脸的赵光义遭到了人生最大的一次挫折，情绪低沉的他没有对攻占太原的有功之臣进行封赏。赵德昭在群臣的怂恿下，上书请求封赏诸将收服北汉之功。结果，压抑已久的叔侄矛盾在此刻爆发。联想到众臣曾经欲图拥立侄子为帝，赵光义大怒道："等你当了皇帝再行封赏不迟！"这句话，把维系多年的脆弱的叔侄关系彻底葬送了。性情刚烈的赵德昭一时间竟无以自明，当日回邸便拔剑自刎了。

得知自己铸成大错的赵光义赶到侄子家中，抱着赵德昭的尸体号啕大哭，口中念叨："痴儿何至此邪！"

几年后，大哥的另一个儿子赵德芳也溘然长逝。三年后，赵光义胞弟赵廷美病逝于房州。当年"金匮之盟"里定下的继位人纷纷谢世，不得已，赵光义只得立自己的儿子赵元侃（赵恒）为太子，从此结束了兄终弟及的传位模式。

往事越千年，"烛影斧声""金匮之盟"都成了千古之谜，这些谜团的背后，往往有历史当事人的难言之隐。不过，在以孝治国的宋代，人们更愿意相信大宋皇室确如史书记载的那样父慈子孝、兄友弟恭。其实，宋朝历史的未解之谜还有很多，仅仅是一幅《清明上河图》，就隐藏着很多不为人知的谜题。

清明上河图背后的谜团

关于这幅传世不朽的名画，从古至今就有着众多谜团。总结起来，大致有四个：第一，《清明上河图》描绘的场景在汴京的具体位置；第二，《清明上河图》的创作时间；第三，《清明上河图》的真正作者；第四《清明上河图》所描绘的季节。

以上四大问题，长期以来学术界众说纷纭。

《清明上河图》描绘的是哪个地方？

学术界主流观点认为，《清明上河图》虽然描绘了北宋徽宗年间汴京城的面貌，但是其画作本身并不完全是当时城市景物的单纯复制，而是在实景的基础上增加了作者的艺术想象与绘画构思。

《清明上河图》整幅画作以汴河两岸繁华街市为核心，以虹桥为冲突爆发点，以城楼为整幅画的高潮部分。关于清明上河图所描绘画面特别是图中城楼在汴京的具体位置，主流观点认为应该是北宋汴京外城正东之新宋门，理由之一就是此处城楼为单檐庑殿顶，且侧面为七斗拱格局。

要知道，中国古代的建筑等级是有严格划分的，尤其体现在屋顶形制中，自上而下大致分为：重檐庑殿顶、重檐歇山顶、单檐庑殿顶、单檐歇山顶、悬山顶以及硬山顶等，由此可见此处城楼屋顶规格之高，符合新宋门应有的特征。北宋都城的规划布局承袭五代旧制，经过真宗、神宗、徽宗几代的大规模扩建，形成了内外城二十多个大大小小的城门，在这其中，新宋门作为内城宋门的延伸，是北宋都城的正东门，有着不可替代的重要地位。

但问题仍未解决，因新宋门在汴河以北，而图上所示汴河在城楼以东即转折向北，遂与事实不符。不过，河道的变化、城市的变迁乃至画家个人的偏好都会影响到画面的最终呈现，《清明上河图》也许并不只是一幅北宋都市的写生，而是在真实的基础上加构了作者的想象与取舍，是现实主义风俗画与作者曲谏构思的巧妙结合。

《清明上河图》的创作时间

根据《清明上河图》上张著题跋的"大定丙午"（金大定二十六年，即1186年）的字迹。可以推测其创作时间不会晚于这个时间点。在张著题跋后，金代张公药也曾题跋道："通衢车马正喧阗，只是宣和第几年"，为这幅画的探源提供了更详细的线索。由此，结合其他史料，可以大致推断出，张择端所作《清明上河图》的时间应为宋徽宗初年。

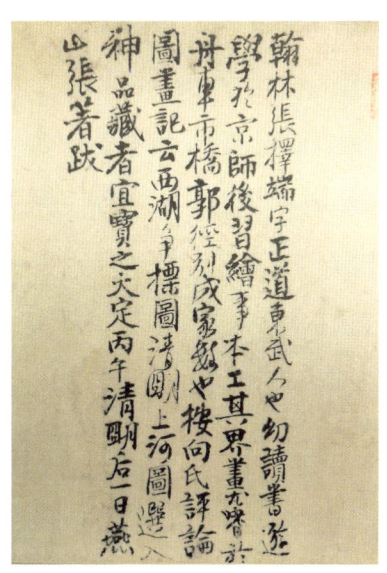

（宋）张择端《清明上河图》（张著题跋）

《清明上河图》的作者真的是张择端吗？

一直以来，《清明上河图》的作者是张择端，这一点是确定无疑的。但是遍寻北宋史料，我们无法找到关于张择端的记载，只有在张著题跋里说到了作者的名讳、籍贯和些许履历信息，这是最早，也是目前发现的唯一关于张择端的记载。

那么张择端是否确有其人呢？"张择端"三个字有没有可能是化名呢？如果真的确有其人，为何寻遍史料都找不到他的蛛丝马迹？按照史学研究"孤证不立"的原则来说，这个问题还无法做出盖棺论定的答复。应当讲，《清明上河图》最大的遗憾是图上没有作者张择端本人的题跋。那么，此画作者是否另有其人呢？

　　学术界对《清明上河图》为张择端所做的结论持怀疑态度的大有人在，理由如下：（1）记载张择端的史料不足；（2）从据传张择端另一幅作品《金明池争标图》上看，画面布局呆板，与《清明上河图》相比，艺术水平落差明显，风格迥异。如果就此二图进行比较，很难让人相信是同一人所画。

《清明上河图》所描绘的季节到底是什么时候？

　　在传统认知里，《清明上河图》是描绘北宋末年汴京城清明时节景象的风俗画。但是，经过学者研究，所谓清明时节的说法也有很大的争议。

　　作为中国四大传统节日，清明节有着非常悠久的历史。在漫长的岁月中，清明节融合了寒食节的很多习俗，经过历代演变逐渐合二为一。宋代清明节一般是不能生火做饭的。但是在《清明上河图》上却可以看到很多做饭的场景，这与宋代清明节的风俗完全不同。另有例证如：清明节要上坟扫墓，但是画面中却没有看到一个与祭祀有关的场景，而且纸马店前门可罗雀，看不到有人购买香火纸烛的画面。这些线索都表明，《清明上河图》所描绘的时间段应该不是清明节。不过也有人指出，虽然此图没有明写扫墓，但是却有一些隐晦的细节说明是在清明。如果仔细观察可以发现，《清明上河图》里有不少轿子上都插了柳条，当时有民谚曰："清明不插柳，小鬼跟着走。"这不就是清明节最好的例证吗？关于《清明上河图》描绘的画面是不是清明时节，直到现在还有争论。

插着柳条的轿子 （宋）张择端《清明上河图》（局部）

门可罗雀的纸马店 （宋）张择端《清明上河图》（局部）

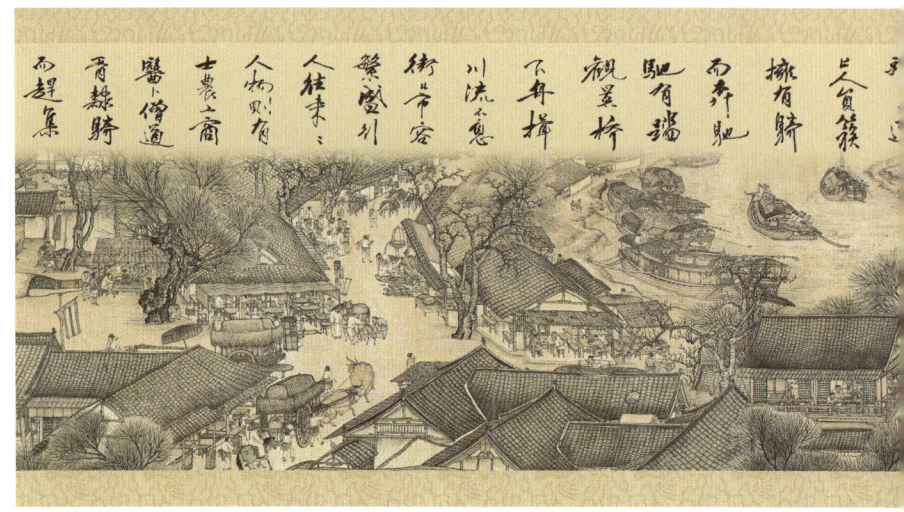

（元）赵孟頫《清明上河图》（局部）

　　那么，这幅图到底描绘了哪个季节的景象呢？《清明上河图》中其实反映了很多有关季节的线索：如画面开卷驴队驮炭的画面，如果是清明时节则很难解释这个情节的合理性，因为这个时节的人们基本不会再囤炭了，所以这里更像是秋冬季节天气逐渐转寒时的场景。另有画面左侧十字路口上，迎面相遇的骑马、步行的两个文人。步行的一方衣着寒酸，为避免与马上的熟人打照面而以扇遮脸。在凉爽的清明时节手持芭蕉扇，有点不太符合常理。而在画面的其他地方，还可以看到有人戴着草帽斗笠，这更与清明时节不符，倒像是盛夏时节的场面。

　　更有甚者，虹桥西侧的酒肆上，悬挂着偌大的酒幌，上面赫然写着"新酒"二字。自宋仁宗后已允许私人酒家酿酒，但新酒上市需有

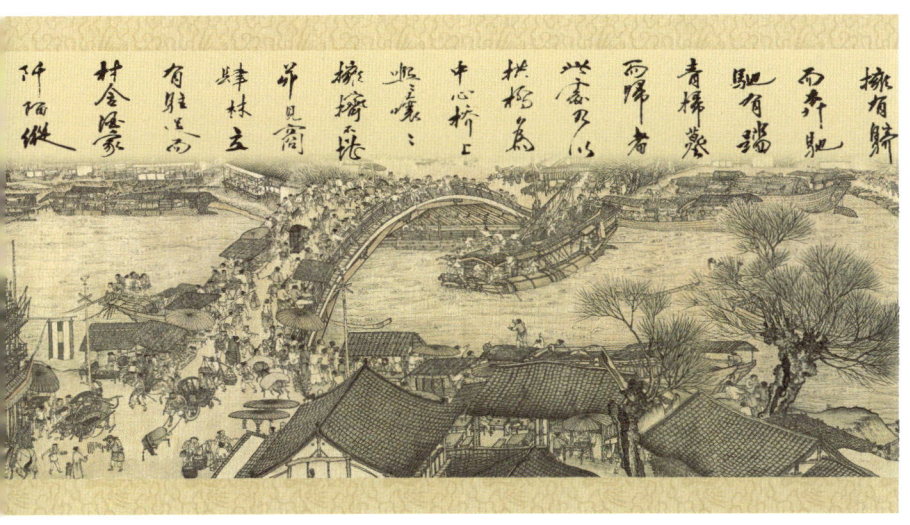

前提，那就是秋粮丰收的季节。据宋人笔记《都城纪胜》记载："天府诸酒库，每遇寒食节前开沽煮酒，中秋节前后开沽新酒。"故而，又否决了画面反映清明时节的说法。

也有人认为，《清明上河图》的"清明"二字并非指节气，而是源于北宋汴京城东南部的"清明坊"。汴河自西北向东南穿过全城，"清明坊"恰位于汴河上游，故而有了"清明上河图"的名字。或者认为，所谓"清明"二字不并指代某一节气或地点，而是形容当时北宋海晏河清、政治清明的盛世景象。作为汴京母亲河的汴河，也有了"上河"的美誉。持这一观点的人认为《清明上河图》其实是对太平盛世下汴京城和汴河两岸风光的赞美。

宋瓷与宋画

算着日子，梅雨时节已近。众人望着阴沉沉的天空，雨将下未下。不一会儿，轰隆隆的雷声自天边响起。为首的窑工定睛而立，大声道："开工！"众人忙把早已准备好的瓷坯搬入窑坑。雨如约而至，一年的等待没有白费。

几天后，第一批烧制成型的瓷器出窑了。淡蓝而微灰的瓶身散发着温润光泽，澄净如天青般的釉色恰似云开雨歇时的那一抹蓝天，沁人

汝窑瓷器

心脾，温婉如玉，令人心情舒畅。明天，这批瓷器将装箱起运，目的地——汴京。

天青釉属青瓷，是汝窑中的精品。但是与一般釉色的瓷器烧制不同，天青釉的烧制需等待梅雨时节的到来，雨季一到，瓷坯必须马上放入窑中烧制，只有这样制成的瓷器才能呈现出青中泛蓝，澄澈如湖水的迷人釉色。

至简至美的宋代瓷器

如同君子爱玉，天青釉也深为历代文人所喜爱。"雨过天青云破处，这般颜色作将来"。相传，汝窑青瓷是宋徽宗最钟爱的瓷器品种。青瓷那种清新脱俗的素净，与宋徽宗崇尚的天人合一的道教思想不谋而合，呈现出道法自然的审美情趣。

宋钧瓷盘

宋代龙泉窑青瓷暗花瓣口盘

　　《清明上河图》虽然以市井街巷景致为主，没有呈现士大夫阶层的审美情趣和生活场景，但是通过其"画眼"——虹桥的造型，依然可以发现宋人对"质朴简拙""材美工巧"的审美追求。这座巨大的单孔木桥，"其桥无柱，皆以巨木虚架，饰以丹雘，宛如飞虹"。

　　虹桥亦名"飞桥"，由北宋仁宗年间青州的一个狱卒发明。水运通达的汴京，桥自然也多。原本，汴京的桥多为有桥墩的平桥，然随着经济发展，往来船只越来越多，桥墩不仅阻碍河道通行，还极易引发事故。直到一位宿州的官员在汴河上修了第一座虹桥，赢得了百姓交口称赞。于是，汴京开始大规模建造这种美观又安全的桥梁。数百年后，意大利画家达·芬奇"发明"了类似的结构。故而，此种拱形桥梁在西方世界有了"达·芬奇桥"的称呼。

宋代白瓷玉壶春瓶

现在被中国人热捧和盛赞的"宋代美学",就有着至简至美的艺术气质,有着含蓄悠然的文人品味。而宋词、宋画、宋瓷都是这一审美的物化。宋代的瓷器是中国瓷器史上登峰造极之作,现如今我们常提到的"五大名窑"全部产生于宋。"宋代制瓷工艺在我国陶瓷史上的最大贡献是为陶瓷美学开辟了一个新的境界。钧瓷的海棠红、玫瑰紫,灿如晚霞,变化如行云流水的窑变色釉;汝窑汁水莹润如堆脂的质感;景德镇青白瓷的色质如玉;龙泉青瓷翠绿晶润的梅子青更是青瓷釉色之美的极致。"[8]各类瓷器争鲜斗艳,各领风骚,造型多样,品种繁多,突破了晚唐瓷器"南青北白"的格局。"宋代瓷业的繁荣,一方面是宋代政治的、经济的、社会的等各种因素共同作用的结果;另一方面又是宋代社

---

[8] 中国硅酸盐学会编:《中国陶瓷史》,文物出版社1982年版,第229页。

会、经济、文化繁荣的反映。"[9]

宋代的瓷器根据生活实际，发展出盘、碗、壶、缶、罐、炉、枕等各种器形。以定窑瓷枕为例，其造型别致，彩绘精美，内腹中空却结实耐用，成为宋代读书人夏季必备的消暑之物。

总而言之，宋代的瓷器样式丰富，除了材美工巧的官窑瓷器，也有适用于普通百姓、经济实惠的民窑瓷器。除去日常使用，官宦人家的装饰瓷器更是琳琅满目，数不胜数。这其中，最具代表性的要数玉壶春瓶了。优美的轮廓勾勒出圆滑的曲线，撇口在上，连接细颈，进而滑至垂腹，一气呵成，浑然一体，最后由圈足收底，温润且古朴，内敛又不失大气，成为后世瓷窑争相效仿的赏瓶。

在宋代，优美的瓷器不仅为国人喜爱，也逐渐远销到了海外。"由于北宋时期辽与西夏的掣肘，汉唐时期盛极一时的'陆上丝绸之路'被阻断。'海上丝绸之路'几乎成为宋代对外贸易的唯一通道，政府设立市舶司管理海商，东至朝鲜、日本，南至南洋、印度，西至波斯、阿拉伯等国，都有商业往来，海外贸易十分发达。"[10]至晚唐宋初，外销瓷器达到了高潮。2007年12月21日，在海底沉寂了数百年的南宋古船"南海一号"被打捞出水。经过历时九个多月的连续作业，考古学家在它的船舱内发现了18万件珍贵的文物，这些文物主要是瓷器，包含了宋代各大窑口的精美外销瓷，对于后人研究宋代瓷器有着无可替代的重要意义。由此再次证明，瓷器外销是两宋时期对外贸易的重

---

[9] 中国硅酸盐学会编：《中国陶瓷史》，文物出版社1982年版，第229页。

[10] 国家图书馆编：《丝绸中的记忆》，国家图书馆出版社2013年版，第20-21页。

点内容。

自唐安史之乱后，中国经济重心开始南移。与唐朝的积极开拓政策相比，宋朝更依赖于东南赋税与海运贸易对国家经济的支持。

宋代的泉州是对外贸易的第一大港，瓷器、丝绸等货物从这里源源不断地运往世界各地。宋人吴自牧在《梦粱录》中记载："若有出洋，即从泉州港口至岱屿门，便可放洋过海，泛往外国也。"作为海上丝绸之路的起点，泉州也担负起了宋朝同海外进行贸易的重任，成为中外交流的一扇窗户，中国生产的瓷器从这里走向了世界。从此，华夏开始以"瓷国"享誉世界，海上陶瓷之路也开始了它更加辉煌的历程。

宋词之美

词，始于南朝，兴于唐而盛于宋。

宋词是中国古典文学阆苑里一株隽永的琼葩。两宋文坛300年，涌现出了1000多位载入史册的词家。以创作风格不同，分流出两大词派，即苏轼、辛弃疾为代表的豪放派与柳永、李清照为代表的婉约派。宋词之美难以概括于片语之间，既有"大江东去浪淘尽"的雄浑，也有"才下眉头，却上心头"的纤婉，既有"莫等闲，白了少年头"的悲壮，也有"衣带渐宽终不悔，为伊消得人憔悴"的凄凉。一位位词人笔下的慧美篇章，承载着历史的浮光掠影，永远镌刻在民族的共同记忆里。

诗词和书画是中国艺术的双璧，诚所谓"诗堪入画方称妙"（清·戴远山《贺友人上任联》）。在漫长历史深厚底蕴的淬炼下，在文人墨客细腻笔触的构思中，宋词和宋画一起，将两宋300年前尘影事的惊鸿一瞥挽留在了纸面之上，让今天的我们得以重温那个烟雨飘零的伟大时代。

宋画，东方极致美学

　　"天人合一"的审美取向，渗透到宋画中，呈现出来的则是小而美、精而简的风格。在中国绘画史上，宋画是一个难以逾越的极致。"宋朝人将生活寄托在和平之上，对花花草草寄予无限深情，多愁善感，随影逐香。"[11]花鸟画，微中见著，"心传目击之妙，一写于豪端间"。如马远的《白蔷薇图》、宋徽宗的《瑞鹤图》、林椿的《枇杷山鸟图》；人物画，洗练传神，题材多样，内容丰富，如李唐的《采薇图》、宋徽宗的《听琴图》、武宗元的《朝元仙仗图》；山水画，气象万千，于山水中寄托性灵，如郭熙的《早春图》、夏圭的《雪堂客话图》、王希孟的《千里江山图》。有人说，"宋画之美，美在简单、含蓄、谦卑、轻柔的文艺态度，在困顿中浪漫，在缺憾中赞美，于山川小景、人物花鸟中轻叩生命的价值"。

　　在宋画中，成就最高的，当属"外师造化，中得心源"的山水画，而王希孟的《千里江山图》集北宋以来青绿山水画之大成，被誉为"中国十大传世名画之一"。

　　宋徽宗政和三年（1113年），据传当时年仅18岁的王希孟用了半年的时间终于完成了传世瞩目的《千里江山图》。

　　《千里江山图》仿佛是《清明上河图》的孪生兄弟，同为长卷，同出于一个时代，却采取了完全不同的艺术路线。连绵的群山，浩瀚的江河，水榭亭台、茅庵草舍、渔村渡船，或以长桥相连，或以流水相通，

---

[11] 马未都：《瓷之纹》，故宫出版社2013年版，第77页。

（唐）阎立本《步辇图》（局部）

背景资料：中国十大传世名画

顾恺之的《洛神赋图》，阎立本的《步辇图》，张萱、周昉的《唐宫仕女图》，韩滉的《五牛图》，顾闳中的《韩熙载夜宴图》，王希孟的《千里江山图》，张择端的《清明上河图》，黄公望的《富春山居图》，仇英的《汉宫春晓图》，郎世宁的《百骏图》。

移步异景，远观大气磅礴，近看精细入微。越陌度阡，风轻云淡。山体层峦起伏，青绿盎然，曲径清幽。江中琼岛孤立，宛若翠色天石，舟行于水，巧妙留白。远处瀑声依旧，岸上恬静自然。大宋江山锦绣，一目了然。

宋徽宗是当世的书画大家，今天的仿宋体字形正源于宋徽宗赵佶独

115

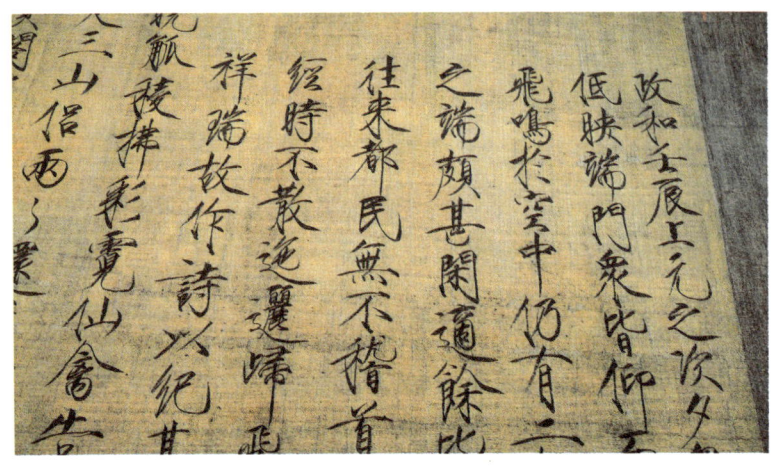

（宋）赵佶《瑞鹤图》（题跋）

创的"瘦金体"。瘦金体的笔锋苍劲有力，瘦而不失其里，硬而婉转多折，形似柳叶，锋镝俊朗。宋徽宗不是一个好皇帝，却是一个伟大的艺术家。其运笔藏锋，精准而有力，宛若宋人之风骨，铮铮傲雪，寒秋独立。正是这样一位书画天子，曾对年少的王希孟寄予厚望，并亲授其绘画技法，终成大器。《千里江山图》完成后，宋徽宗爱不释手，时时观赏。后赐予心腹重臣蔡京，经宋末乱世，流转至今，现藏于北京故宫博物院。

山水画起于唐代李思训，自两宋臻于昌盛。年轻的宫廷画师王希孟更是把山水画的艺术成就推上了一个高峰。也许天妒英才，《千里江山图》完成后不久，王希孟便溘然长逝。但是，与《清明上河图》一样，这幅画记录了大宋的繁荣富庶，描绘了锦绣的千里江山，为后人留下了宝贵的财富。

在艺术成就上，《千里江山图》与《清明上河图》堪称北宋画作的"双壁"。两幅作品从两个不同的维度对北宋的锦绣山河与市井百态进行了高超的刻画。有人评价，《清明上河图》关乎现实，《千里江山图》关乎理想。只是，与《清明上河图》相比，《千里江山图》给人的视觉冲击更大，其精良的笔法把中国古代特有的散点透视发挥到了极致，宏大的山水造型下，是作者独具匠心的擘画，尤其是大面积的青绿着墨，更是给人以美轮美奂的视觉享受。

事实上，青绿山水画一直到明清都有所发展。另一幅明代仇英所做的《清明上河图》里，画家就用了大量的青绿颜料点缀远处的山景。相比张择端版《清明上河图》，仇英版更加工整，做到了远近协和，把风俗画与青绿山水画巧妙地结合在一起。画面里，城郭宏伟壮丽，店铺喧闹有序，民舍错落有致，山峦绵延起伏。画家用宏大的视角，细腻的观察和青绿泼墨的高超技法，对《清明上河图》进行了新的诠释。

在北宋，涌现了很多杰出的绘画艺人和创作风格，既有《清明上河图》这般气势宏大的市井风俗画，也有如《货郎图》这样描摹细节的小品风俗画，相比前代，宋人的创作更加讲求笔法和细节。如果说北宋后期异彩纷呈的众多艺术成就犹如一幕大戏，那这幕大戏的幕后总导演一定是宋徽宗。毫不夸张地讲，宋徽宗时期正是北宋书画艺术成就的高峰，数不胜数的艺术作品在徽宗时期面世，对后人而言不仅是一场视觉的享受，更是一份历史的馈赠。

这位艺术家皇帝也给整个北宋上层社会带来了充沛的艺术给养，作为书画天子，宋徽宗正是工笔画的奠基人。从他开始，中国古代的工笔

（宋）王希孟《千里江山图》（局部）

画艺术进入了一个新的境界。在宋徽宗众多的画作中，可以看到山水、花鸟、人物、亭台楼阁等各式作品，如此高产的艺术成就，即使毕生从事绘画创作的画家也很难望其项背。如果没有后来的靖康之难，宋徽宗也许会成为一位威望很高的太平天子。

宋徽宗对艺术的挚爱源于其极高的天赋和深邃的领悟。徽宗一朝，是北宋文化艺术发展登峰造极的时代，也是北宋末期最灿烂的一抹余晖。

繁华背后的末世

张择端早年游学汴京，后来逐渐接触绘画，他的画作写实具象，力求再现真实的场景。张择端用了 4 年的时间观察这座城市，观察城里的每一个人，同时也在观察这个行将就木的王朝的末世光景，最终厚积而薄发，创作出了这幅不朽的传世书画名作——《清明上河图》。

事实上，研究《清明上河图》就要先弄清画家的创作意图。持"曲谏"说的部分学者认为，张择端将此图敬献给宋徽宗，本意是希望皇帝能够通过观图了解真实的市井民情，进而有所警悟。然而，他没能等来朝政的革新，却等来了北方狼烟四起、民不聊生，继而二帝被掳、山河破碎的悲凉景象。

在古代，地图作为重要的文献材料，对于指导地方经济社会发展有着不可替代的作用，而《清明上河图》在一定意义上就被赋予了地图的某些功能。中国古人并未严格区分图与画的畛域。以清代画家冷枚所作《避暑山庄图》为例，虽为画作，但其详细绘制了避暑山庄的山水、宫殿、亭台楼阁的分布，与地图有异曲同工之妙。而作为写实风俗画的《清明上河图》也在一定程度上被看作北宋汴京的都市地图。相比西方

121

绘画的焦点透视，以《清明上河图》为代表的中国传统绘画讲究散点透视，移步换景，犹如全景照片一般，在有限的画幅内力图展现画作对象的全貌，使观画者身临其境。

回到这幅画里，作者笔下那繁花锦簇的汴京风光，并不是真实情况的全部，在展现太平盛世的同时，作者也在用委婉的笔触，小心翼翼地勾勒着这繁华背后的末世之相。在《清明上河图》里，画家力图透过市井的描绘展现大宋王朝的末世光景。

经济

1910年，日本学者内藤湖南在《概括性的唐宋时代观》一文中提出，唐、宋两朝在文化性质上有着显著差异。唐代是中世的结束，而宋代则是近世的开始。钱穆先生说："论中国古今社会之变，最要在宋代。宋以前，大体可称为古代中国，宋以后，乃为后代中国。秦前，乃封建贵族社会。东汉以下，士族门第兴起。魏晋南北朝定于隋唐，皆属门第社会，可称为是古代变相的贵族社会。宋以下，始是纯粹的平民社会。"[12]

国际学术界盛行的"宋代经济革命说"，可以说在相当大程度上把唐宋之际变革论的影响推向极致。"宋代经济革命，一般是指农业革命、水运革命、货币与信贷革命、科学技术革命、印刷革命、交通革

---

[12] 钱穆：《理学与艺术，宋史研究集》第7辑，台湾书局1974年版，第2页。

命、商业革命、市场结构以及都市化方面的重大变化。"[13]

与传统封建时代重农抑商的政策不同,北宋时期是中国历史上少有的不主动实行"抑商"政策的时代。宽松的"营商环境"使得北宋商业出现了空前的大繁荣,政府财政收入中,农业税收仅占财政总收入的三成,商业等非农业税收占财政总收入的七成。在商业活动中,粮食交易无疑是关乎国计民生的重要一环。

《清明上河图》右半部的运粮船正七七八八地横亘在河道上,奇怪的是,竟然看不到押粮官的身影。其实,随着北宋时期京师人口的暴涨,以及庞大的军队、臃肿的官僚机构带来的巨大压力,汴京地区的粮食缺口已经到了十分惊人的地步。"太平兴国六年(981年),汴河岁运江淮米三百万石,菽一百万石。"(《宋史》)早在宋太祖开宝年间就曾为了稳定粮价而进行政府干预,然而此项规定却使得逐利的粮商不再向汴京运粮,因此后来朝廷采取由官方运粮进京的办法平抑粮价。然而,到了徽宗年间,穷奢极欲的宋徽宗赵佶为满足个人享受,在崇宁三年(1104年)将这项沿用百余年的粮食制度废除,将原本用于运输漕粮的官船改为"花石纲"(中国历史上专门运送奇花异石满足皇帝喜好的特殊交通运输名称)。失去政府干预的粮价如脱缰的野马,中下层百姓的生活负担陡然增大,为后来各地烽火起义和北宋朝廷的最终覆灭埋下了伏笔。

---

[13]李华瑞:《"唐宋变革"论的由来与发展(下)》,《河北学刊》2010年第5期,第66-67页。

文化

　　王安石变法虽然失败，但宋神宗抛下的这枚石子所荡起的波澜却远未平息。宋哲宗即位后，高太后垂帘听政，提拔司马光等旧党人士，神宗一朝的新政被悉数废除，是为"元祐更化"。哲宗亲政后，重新启用变法新党人物，是为"哲宗绍述"。至徽宗一朝，新旧党争非但没有停止，却有愈演愈烈之势。不得已，徽宗启用蔡京为相，不料，蔡京伙同童贯等人，炮制出一块"元祐党籍碑"，将司马光、文彦博、苏轼为代表的"旧党"人士悉数定为"奸党"，且不许他们的后代参与科举留在京师。从此，蔡京以此为由打击异己，独揽朝政，在宋徽宗的纵容下，

被解读为拉送旧党人所写作品的驴车　　（宋）张择端《清明上河图》（局部）

北宋朝廷遂一日日腐朽没落下去。

在《清明上河图》中，我们也可以看到这次党争的反映，图上的两头毛驴拉送的不是货物，而是旧党人所写的作品。在打击元祐党人的这场风暴中，秦观、苏轼、黄庭坚的文集著作悉数被销毁。图上车中所载的旧党人的书籍也自然在焚毁之列，这辆驴车正是奉命驶往郊外，将这些旧党文人的书籍墨宝销毁。由此可见，徽宗年代的这次打击元祐党人的行动，非但没有为新旧党之争画上句号，反而造成了一场文化上的浩劫。

城市管理

中国古代的房屋建筑多为土木结构，这样结构的房屋建设周期短，抗震性能强，但是缺点在于防火能力差，一旦遇到火灾，往往会造成巨大的损失。因此，在房屋鳞次栉比的汴京，防火也成为城市管理的核心要务之一。"后周世宗之筑大梁，实为帝王建都之具有远大眼光者。其所注意之点，如'泥泞之患'，'火烛之忧'，'易生疫疾'，'寒温之苦'，皆近代都市设计之主要问题，其街有定阔，两过五步内种树掘井，修益凉棚，皆为近代之方法。"[14]

然而，从《清明上河图》上看到的却是另一幅图景。画面在半边高大的城门旁，原本用来消防的八只大木桶，此刻却盛满了酒。专司消防的"潜火兵"的营房，竟直接改成了盈利的酒馆，这简直是把有上百万

[14] 梁思成：《中国建筑史》，生活·读书·新知三联书店2016年版，第207页。

人口的城市消防重任当成儿戏。

画卷右侧，城外高台上修筑的用于观察城内火情的望火楼，原本应当有士卒在楼上昼夜值守，实际上却空无一人。城中遍布喧闹的酒馆。此时汴京城市管理的废弛，可见一斑。

世人常言水火无情，除了火灾，水患的威胁也一直笼罩着汴京城。尽管北宋历任皇帝都重视城市水患的治理，《康熙开封府志》中就记载了宋朝太祖、太宗、神宗、哲宗、徽宗五位皇帝的治河史料，但是我们仍能从《清明上河图》中看到一些危机的端倪。此时的汴河两岸，并无明显的堤防痕迹，随意生长的枯草朽木让汴河防汛险象环生。而汴河两岸房屋密集，店铺扩建，毫无章法地侵蚀着汴河河岸，为汴京城的水患防治埋下巨大的隐患。果不其然，宣和元年（1119年），汴京城就遭到了一次突如其来的水患。《宋史·河渠志》记载：

> 宣和元年五月，都城无故大水，浸城外官寺、民居，遂破汴堤，汴渠将溢，诸门皆城守。起居郎李纲奏："国家都汴，百有六十余载，未尝少有变故。今事起仓猝，迸迹惊骇，诚大异也。臣尝躬诣郊外，窃见积水之来，自都城以西，漫为巨浸。东拒汴堤，停蓄深广，湍悍浚激，东南而流，其势未艾。"

据此揣测，这次水患之所以影响巨大，与宋徽宗在位期间汴京城无序开发有着很深的关系，也是《清明上河图》预兆的北宋众多末世光景的一个体现。

军事

在画面中部的递铺外，几个士卒慵懒地坐在地上打盹、聊天，本应该即送即达的递铺，此刻却显得如此懒散，没有章程。诚然，铺兵属于厢军建制，相较于身为国家正规军的禁军战斗力较弱，仅负责地方治安等次要任务。但直到晌午，递铺的长官仍未露面，士卒们不敢进去打扰，索性干等着，空敞的衙门无人问津，足可见北宋官府的效率之低，地方军队文恬武嬉，冗员盛行。

画面向西，高大的城门虽然给人眼前一亮的第一印象，但是细瞧之下不难发现，高耸的城楼上竟无一人值守，原本用于守城的官兵此刻想

不设瓮城且无人值守的城楼　（宋）张择端《清明上河图》（局部）

必正躲在某个酒馆畅饮。于是乎，堂堂汴京城的城门形同虚设，任人随意出入。更关键的是，《清明上河图》中的城楼竟不设瓮城。须知，在冷兵器时代，作为城防体系的关键环节，瓮城对一个城市的安全起到至关重要的作用。然而，作为大宋都城的汴京，其重要城楼居然不设瓮城，这是十分荒诞的。而在另外两幅著名的摹本——仇英版《清明上河图》和清院本《清明上河图》中，此处皆有瓮城。

宋人孟元老所著《东京梦华录》中记载："东都外城，方圆四十余里。城壕曰护龙河，阔十余丈，濠之内外，皆植杨柳，粉墙朱户，禁人往来。城门皆瓮城三层，屈曲开门，唯南薰门、新郑门、新宋门、封丘门皆直门两重，盖此系四正门，皆留御路故也。"既然北宋汴京外城门皆设瓮城，那为何张择端在此处还要特意隐藏呢？也许此画创作的时候瓮城尚未修建，也许张择端是在用以图曲谏的方式，展示城门兵丁的懈怠。

《清明上河图》绘制时，国家尚处于歌舞升平的太平时代。然而，战争的阴云却并未散去。宣和二年（1120 年），因不满朝廷沉重的赋税和民役，睦州清溪人方腊发动当地贫苦百姓起义。方腊起义的消息传来，北宋朝野震惊。方腊起事无疑是在运河南北生命线的关键处点了大宋的死穴。年底，朝廷出动 15 万人征讨方腊，军队浩浩荡荡从汴京出发，钱粮耗费难以计算。江南方腊的战事严重拖后了北宋征辽的准备，也间接导致了后来一系列事件的发生。

诚然，北宋的军事力量与汉唐无法同日而语，但有一个十分吊诡的历史悖论，即终北宋一朝，国家的疆域实际上一直处于不断扩大当中。

北宋疆土从宋太祖即位初年的黄河中下游一直拓展到珠江流域，北与辽、夏接壤，西南与大理、吐蕃交会。宋神宗时，熙河开边拓地两千余里，逐渐深入西夏腹地。至宋徽宗时，甚至设立了陇右都护府，使宋朝的势力通过青唐故道直达西域，在宋徽宗最后两年，竟然又收复了幽州，这是宋太祖、宋太宗都可望而不可即的功绩，单从这些来看，宋徽宗所处的时代绝非亡国之君的时代。

仅以徽宗一朝的军事成绩观之，收复青唐，制服西夏，平定方腊，联金灭辽，直至靖康之难前，宋朝居然取得了一连串的军事胜利。

对比唐末、元末、明末那种遍地哀鸿，揭竿而起的糜烂局面，《清明上河图》所描绘的那个时期绝不是生民倒悬的凄惨末世，虽然有一些江河日下的末世征兆，但与真正的末世光景还是有着天壤之别的。

中国历代王朝，有亡于权臣者，有亡于内乱者，也有亡于外力者。北宋就是后者的典型代表，但是相比前两者，北宋末年并非严格意义上民不聊生的乱世，相反，整个社会的繁荣程度达到了高峰。

然而，一个王朝的兴衰荣辱自有其内在运行规律，也同外部局势密不可分。在北宋中后期，一些有识之士已经看到了国家面临的危机，进而采取了一系列的改革举措。但是，这些改革并没有从制度层面解决宋朝面临的问题，反而使得原本积重难返的问题更加复杂。正是在此大背景下，张择端用他的画笔把自己看到的危机景象委婉地呈送给皇帝，希望能够得到重视，从而消除隐患，于是，我们看到了《清明上河图》这幅宏图巨作。

清院本《清明上河图》（局部）

世界上第一款纸币——交子

北宋年间商业的大发展带来了市民阶层的空前壮大，由此又促进了文化的大繁荣。繁荣的商品市场也带来了货币贸易的繁盛，各种新兴的货币形式应运而生。宋代的纸币源于唐代的"飞钱"。自唐中期开始，有鉴于往来客商携带大量铜钱多有不便，一种凭证提款的"飞钱"应运而生。宋太祖开宝年间，于京城设立钱币汇兑管理机构"便钱务"，允许百姓储钱于京师，再于各地自由换取。据《宋史·食货志》记载："开宝三年（970年），置便钱务，令商人入钱诣务陈牒，即辇致左藏库，给以券，仍敕诸州凡商人赍券至，当日付给，违者科罚。"宋太祖还根据全国不同地方的实际情况制定了不同的货币政策，如在非铜矿产地的四川地区以铁钱取代铜钱。

随着商品经济的发展，货币流通量越来越大，传统的金属货币已经不能够满足宋代越发繁荣的商业贸易。成平元年（998年），世界上第一款纸币——交子在今四川地区出现。交子最初被当作一种存款凭证，为不方便携带现款的来往客商提供储蓄和转账业务。后来，随着商业规模的不断扩大，交子的使用也越发广泛，专门用来管理交子的交子铺户也尝试印刷统一制式和面额的交子，使其拥有了信用货币的特性，最终获得了政府认可，成为世界历史上第一款真正意义上的纸币。清《续通典·食货》中记载，至迟到宋神宗年间，关于交子的使用已经有了一套详细的法律法规。

除此之外，北宋政府曾发行过名为"交引"的有价证券，大商巨贾持此票据可以在市场上进行投机和交易，通过低价买入、高价卖出的办法，使得手中的现金越来越多。随之而来的是"交引铺"等行当的应运而生，通过赚取盐、茶等贸易差价，获利颇丰。手中的票据经过商人的操作，变成了今天类似期票一样的凭证（包括钱引、茶引、盐钞、矾引、香药钞等）。因这些票据有延期兑付的特点，故而成为宋朝的一种另类债券形式。这些票引可以

宋崇宁通宝

宋淳化元宝

自由交易，商家往往在京城或各大城市的"交引铺"内相互转手，长此以往，形成了类似今天证券交易所的雏形。可以说，北宋兴盛的票据交易与今天的股票有着异曲同工之妙。

　　由于宋代城市管理中对房屋买卖有着非常严苛的规定，房主买房需要邻居亲戚的签字画押，故而宋代几乎无人"炒房"，也很少有人去投资房屋这类的不动产。因此，宋代人转而对票据交易产生浓厚的兴趣，也间接促进了北宋货币市场的繁荣。

　　交子的出现，标志着中国古代商品经济的发展进入了一个全新的阶段。

第四章

故国不堪回首月明中

直把杭州作汴州

彻夜西风撼破扉，萧条孤馆一灯微。

家山回首三千里，目断天南无雁飞。

这首《在北题壁》是宋徽宗赵佶被囚于北疆五国城时所作，短短四句，道出了一个曾经的太平天子落难后的悲伤。

一直以来，宋朝同周边的战争败多胜少，直到最后皇帝被掳，铸成千古遗恨，但这并不能说明宋朝的将士不用命，而是源于宋朝军事上的先天不足。

宋朝缺马，而战马在冷兵器时代的作用不言而喻。王安石变法中提到的"保马法"正是面对这个困境而不得已的对策。宋朝缺马的根源，来自疆土的局促。西汉时，霍去病在山丹大马营草原设牧师苑，遂成为历代皇家马场，汉唐无不沿革。宋代失去河西走廊，也失掉了最大的养马地，致使中原士卒不得不以血肉之躯对阵北方铁骑的屡次南下。

宋人对于恢复汉唐旧疆有一种近乎痴迷的执着。现存于西安碑林的《华夷图》是中国现存最早的一幅全国地图，为宋代石刻地图，从图上我们依稀可以看到"复故疆尽归之版籍"之语。在另一幅宋代石刻地图《坠理图》也有"然以长城为境旧矣","幽蓟未复何一统之有"的记载。

自从雍熙北伐失败以来，北宋对辽便一直采取防守策略。然而，面对幽云故土，任何一个想有作为的宋朝皇帝都渴望得到。宋徽宗时期，辽国内乱，完颜阿骨打率领的女真人一举摧毁了辽国百余年的统治根基。消息传至汴京，北宋君臣抓住机会，同金国签订了"海上之盟"。后童贯在金国的帮助下，一举收复了幽州，完成了大宋历代皇帝的梦想。于是，依神宗遗训，童贯受封为广阳郡王。

一时间，宋徽宗飘飘然，俨然把自己想象成了超越先辈的中兴之主。可他并不知道，大宋朝真正的灾难即将到来。

名义上，宋朝拿回了朝思暮想的幽燕之地，但伐辽时宋军所表现出的孱弱却让金国看清了宋朝的实力。宋徽宗的所谓联金灭辽，不过是把曾经给辽国的岁币转交给金国。宋人已经习惯了这样的做法，只不过对象从辽换成了金。买来的土地同买来的和平一样，都是不能长久的。金人不傻，既然北宋是一只待宰的肥羊，那么何需等肥羊上贡，为何不直接去取呢？

宋人的如意算盘打得好，当年与辽签订的"澶渊之盟"，规定每年向辽支付岁币30万，这只不过相当于北宋两个县的收入罢了，而宋朝却可以通过榷场从辽的手里赚回300万。在众多将士的怂恿下，金太宗最终决定废除与宋的盟约，南下中原，逐鹿天下。

此时，徽宗一朝的君臣还沉浸在收复燕云的喜悦中，繁华锦绣的汴京城里，人们根本觉察不到即将降临的灾祸。

宣和七年（1125年）八月，金军自平州和云中兵分两路南下侵宋，铁蹄所过，宋军一触即溃，望风而降。边关的败报很快传到京里，原本还歌舞升平的大宋皇宫顿时乱作一团。为稳住形势，宋徽宗赶忙颁布了《罪己诏》，对自己多年来的失误表示了忏悔。然而，这似乎不能减缓金兵的进军速度，很快，金国铁骑就饮马黄河，兵锋直指汴京了。慌乱中，宋徽宗赵佶拉住近臣的手，颤颤巍巍地写下了"传位于皇太子"几个字，然后，带着太监和后妃逃往亳州。受命于危难之际的太子赵桓继位，改元靖康，是为宋钦宗。

然而，这位北宋的末代皇帝并没有比父亲做得更好，他上位后虽然依靠李纲等大臣暂时守住了汴京，太上皇得以回銮，但是，宋金之间的决战已不可避免。性情软弱的宋钦宗根本没有对策，只得看着大好河山被金人一点点地蚕食。

《清明上河图》所描绘的繁华世界此刻已被硝烟笼罩，曾经汴京城外彻夜喧闹的虹桥，此刻已被金军的铁蹄踩在脚下。京师全城戒严，内外一片萧条。商铺紧闭，百姓躲在家中不敢出门，原本热闹的大街上，此刻除了不时飞奔而去的斥候，再无余人。千年古都，正面临着灭顶之灾。

1126年12月10日，靖康之难一月前。

金军的前锋已经渡过黄河，兵临汴京城下。是日，汴京外城墙各门紧闭，城外人口大多逃散，少数逃入城内。宋廷此前已经发出勤王令，但各路援军进展缓慢。12月17日，金兵完成了对汴京的合围。

1127年1月8日，靖康之难一天前。

已经被围困一月之久的汴京城出现了粮食短缺的局面，人心开始慌乱。朝廷里，百官星散，徽、钦二帝急得像热锅上的蚂蚁，派出去的几路斥候都杳无音信，城外的几路援军都被金兵击败。当夜，派去金营的使者带来了金人的最后通牒。

1127年1月9日，靖康之难。

汴京城破，长驱直入的金兵闯入宋朝皇宫，宋徽宗、宋钦宗被俘。

3月20日，金太宗完颜吴乞买下诏废黜徽、钦二帝，贬为庶人。

4月20日，金军大肆搜掠后，分两路北返。押解着徽、钦二帝和皇后、亲王、皇孙、妃嫔、公主和众多宋廷大员以及无数珍宝典藏的队伍浩浩荡荡地返回北方。

北宋亡。

6月12日，逃到南京应天府（今河南商丘）的康王赵构在群臣拥立下即位，改元建炎，是为宋高宗，后建都临安（今杭州），史称南宋。

数年前，身为康王的赵构跟随着一大群皇子皇女陪同宋徽宗赵佶游览金明池。作为汴京最大的湖泊，金明池是用于水军训练的演兵场，后来随着北宋王朝的偃兵息武，这里逐渐成了皇家游乐的园林。簇拥在人群里的赵构根本想不到，自己这位并不受父亲器重的默默无闻的皇子，会在将来挽狂澜于既倒，扶大宋以中兴。

在据传张择端的另一幅描绘北宋汴京景致的风俗画《金明池争标图》中，人们可以看到湖周围错落有致的亭台楼阁，宽阔的湖面上散落着大小龙舟，人物远近相协，画面布局合理，为我们描绘了北宋汴京城西金明池的壮丽景象。谁也想不到，在这幅画完成的十几年后，北宋王朝的大厦轰然倒塌。战火蹂躏着中原大地，曾经繁华的汴京成为人间炼狱。无数达官显贵裹挟在南下的流民中，无数珠宝玉器、绫罗绸缎都在这场浩劫中散落遗失。

继位伊始，赵构便从应天府撤至扬州，以避金兵锋芒。建炎二年

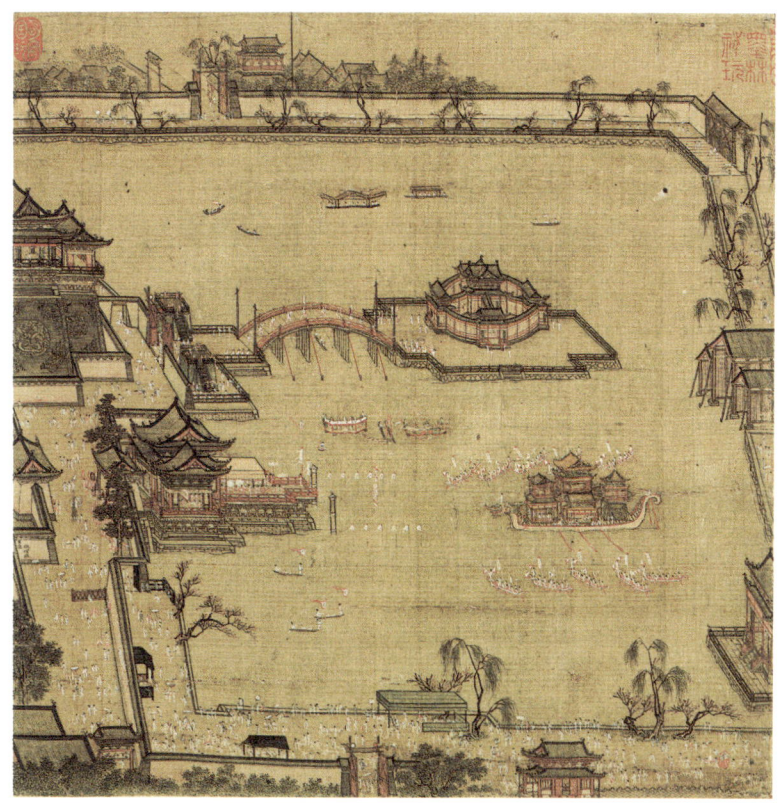

传（宋）张择端《金明池争标图》（局部）

（1128年），镇守汴京的宋军主将宗泽病故。有鉴于老将凋零，赵构便启用了韩世忠、岳飞、刘光世、张俊等一大批年轻将领统兵。随后几年中，宋军在川陕、荆襄、江淮几个战场取得对金军事斗争的胜利，确保了南宋的半壁江山。

然而，武将势力的壮大引得文人朝廷的不安。建炎三年（1129年），武将苗傅与刘正彦发动"苗刘兵变"，诛杀赵构宠幸的权臣及宦官以清君侧，并逼迫赵构将皇位禅让给两岁的皇太子赵旉。兵变虽然最终被镇压，但却让赵构自此对武将愈发忌惮，也加深了与武人集团的隔阂。

建炎三年九月，金兵号称十万大军，渡江南下，赵构被迫再次南逃，经越州、明州入海，至定州，后又转至温州。金军势如破竹，"搜山检海"，宋高宗几经周折方得返回临安。

次年，金军北归至黄天荡（今南京栖霞山附近），被韩世忠率八千水师围困，梁红玉擂鼓助阵，最终击破金兵，成就了一番壮举。岳家军则先后在清水亭、牛首山大败金兵，进而收复建康。"撼山易，撼岳家军难"的评价由此而出。

然而，因忌惮金军的强大实力和武将集团的声望，赵构最终倒向主和派，逐渐打消了恢复中原的念头。为平衡朝政，宋高宗重用秦桧，并授权其同金国议和。1141年7月，在北伐形势一片大好的情况下，主将岳飞被朝廷召回。随后，宋金"绍兴和议"达成：宋向金称臣，并将淮河以北的土地全部划入金国，且每年向金贡奉白银二十五万两，绢二十五万匹。1142年1月，岳飞因"莫须有"的罪名被杀，韩世忠等武将也被迫交出兵权，致仕归养。

随着"绍兴和议"的落幕，宋金之间十余年的战争暂时告一段落。南宋君臣觉得终于可以松一口气，于是心安理得地依靠东南富庶的半壁江山，享受太平时光。故而宋人林升有诗云："山外青山楼外楼，西湖歌舞几时休？暖风熏得游人醉，直把杭州作汴州。"

安逸的时光是迷人的，安逸的时光也是惆怅的。人老了，总想落叶归根。宋高宗晚年，非常怀念故国。

相传孝宗淳熙年间，一日，已退为太上皇的赵构在西湖游赏，登岸断桥，徐步苏堤，满眼皆是一派春和景明的秀丽风光。忽听得堤边传来汴京口音的叫卖声，老皇帝一惊，速速遣人打探。原来，是雪鬓霜鬟的宋五嫂在叫卖鱼羹。

宋五嫂年轻的时候原本是汴京城里做鱼羹的女厨，后来嫁给宋家老五被人称为宋五嫂。大宋南迁，宋五嫂跟随家人辗转来到杭州，这么多年，一直操着乡音经营自己的鱼羹生意。

听罢，众人陷入了沉默，此情此景，故国故人，大家的心里都不是滋味。赵构接过汤匙，尝了一口宋五嫂的鱼羹，那熟悉的味道瞬间传遍味蕾，口齿生香。此时的一碗鱼羹，不仅是美味，也包含着乡愁。

宋高宗厚赏了宋五嫂，自此，这道"宋嫂鱼羹"便在杭州城流传开来。直至今天，我们仍然能够品尝到它的美味。鲜嫩爽口的鲈鱼，清亮醇厚的汤头，猪油爆香，火腿、芦笋、生姜、香菇经过清汤煮沸，加绍酒入味，精盐、蛋液，起锅盛出，一碗浓香醇厚的"宋嫂鱼羹"便呈现在我们的面前。回望千年，汴京城的味道流转至江南，发展成如今这道菜，除了历史的宿命，也能品味出南迁宋人对故国汴京的深深眷恋。

小笼包的前世今生

小笼包，贵在一个"小"字上。

在如今开封的早市上，我们随处都能找到这种代表古老开封美食记忆的小笼灌汤包。说起开封城的灌汤包，初观之，形似灯笼，状若莲花，用筷子轻轻一挑，只需一个小口，鲜美的汤汁便瞬间流出，抓住时机，一口下去，吃到的不仅是美味，更是古都开封几百年的饮食文化。如今，人们在江南吃小笼包时的四句口诀：轻轻提，慢慢移，先开窗，后喝汤，其最早的出处，也许就是宋朝的汴京。

与同属鱼米之乡的苏菜、淮扬菜不同，浙菜中有着包含大量牛羊肉的菜品，这一点与江南的地理环境似乎格格不入，但却应和了宋室南渡后从中原流转而来的饮食文化。临安，成了人们对记忆中汴京城的寄托。

物是人非事事休

在那场全国范围内的大南迁中，随同皇帝一道来到南方的，还有无数达官显贵，才子佳人。其中不乏文人墨客，落难书生，这当中就有赵明诚、李清照夫妇。

李清照，半生惬意半生愁

李清照出身书香门第，受家学熏陶，加之天资出众，"自少年便有诗名"。少年时的李清照便开始在词坛上崭露头角，写出了为后世广为传诵的著名辞章《如梦令·昨夜雨疏风骤》。

> 昨夜雨疏风骤，浓睡不消残酒。
>
> 试问卷帘人，却道海棠依旧。
>
> 知否，知否？应是绿肥红瘦。

此词一问世，便轰动了整个京师，"当时文士莫不击节称赏，未有能道之者。"（《尧山堂外纪》卷五十四）

李清照画像

　　1101年，18岁的李清照与21岁的赵明诚在汴京喜结良缘。当时李清照的父亲为礼部员外郎，赵明诚之父则是吏部侍郎，同为官宦子女，可谓门当户对，天作之合。他们为后世留下了一段传奇的爱情故事。与传统的包办婚姻不同，赵、李二人的结合也源于他们相同的志趣。因此，婚后的几年里，这对伉俪琴瑟和鸣，恩爱甜蜜。

　　当时，尚在太学里读书的赵明诚，最快乐的时光就是每月的初一、十五回家与妻子团聚的时刻。一对小夫妻，久别胜新婚，更何况志趣相投，每一分钟的相聚对他们来说都无比甜蜜。与我们传统印象中的官宦子弟不同，赵、李二人事实上并没有多少积蓄，且有了钱也大多花在购买金石古玩上，所以对于物质生活的追求，两个人倒是不约而同地"安贫乐道"，共同恪守着"穷遐方绝域，尽天下古文奇字之志"（宋·李清照《金石录后续》）的人生追求。虽然在物质上过得并不十分宽裕，但这却是他们一生中最快乐的时光。 汴京城里，两个人最爱去的地方就数大相国寺的市集了。大相国寺市集每月初一、十五和逢三、八开放，是著名的"瓦市"。《金石录后续》里记载："每朔望谒告出，质衣，取半千钱，步入相国寺，市碑文果实归，相对展玩咀嚼，自谓葛天氏之民也。"作为皇家寺院，大相国寺供南来北往的善男信女前往朝拜，久而久之，就在这附近形成了北宋汴京城里最大的古玩市场。

　　《东京梦华录》曾记载道："相国寺每月五次开放，万姓交易。"每逢初一、十五的集市"扫货"是赵明诚夫妇最快乐的时光。相国寺市场里的宝贝五花八门，琳琅满目，"伎巧百工列肆，罔有不集，四方珍异之物，悉萃其间。"（宋·王得臣：《麈史·谐谑》）

赵明诚和李清照夫妻俩是这个市场上的常客，淘换古董金石，也是他们共同的乐趣。除了古董之外，这个市场里的日用百货也十分齐全，能够满足百姓吃喝玩乐的各种需求。

《清明上河图》虽然没有直接描绘大相国寺市场，但是我们完全可以从图上的热闹景象联想到当年北宋大相国寺周围的繁华。李清照在汴京城的岁月里，不知多少次光顾了这里，与丈夫一道收集了很多珍贵的金石文玩、古董玉器。很多年后，赵明诚把夫妻二人收集到的金石进行了汇总，在妻子的帮助下完成了著名的《金石录》。

与后期情怨哀愁的词风不同，这个时期的李清照，创作了许多心境明快，脍炙人口的词句，最著名的要数《如梦令·常记溪亭日暮》。

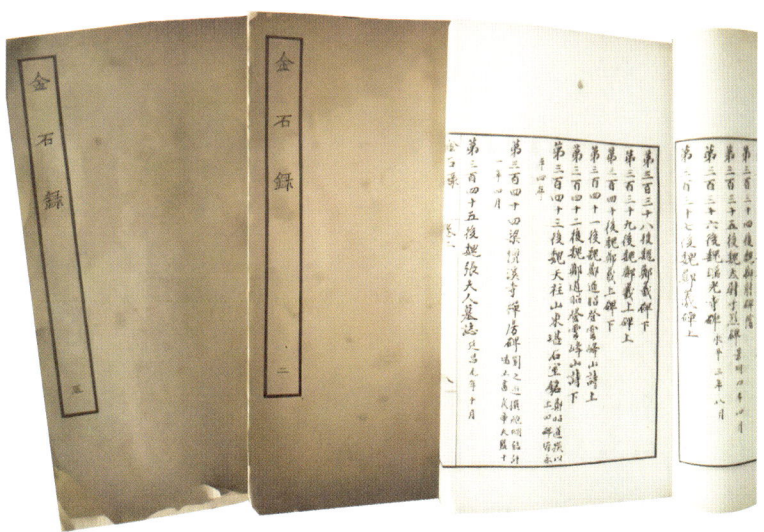

（宋）赵明诚《金石录》（局部）

常记溪亭日暮，沉醉不知归路。

兴尽晚回舟，误入藕花深处。

争渡，争渡，惊起一滩鸥鹭。

汴京的春日是美好的，犹如《清明上河图》中所描绘的踏青场景，李清照也时常和夫君一起在京郊的原野上踏青游玩。20多岁正是人生当中最美好的年华，这对金童玉女，相伴在汴京的春风里，是何等潇洒，何等惬意，何等羡煞旁人。

孟元老在《东京梦华录》中记载清明游春："四野如市，往往就芳树之下，或园囿之间，罗列杯盘，互相劝酬。都城之歌儿舞女，遍满园亭，抵暮而归。"描述了汴京郊区的热闹景象，人们在树下野餐，饮酒划拳，年轻人载歌载舞，直到日暮。或许，暮年的李清照回忆起这段快乐的时光，嘴角也会微微翘起。

然而，快乐的时光总是短暂的。李清照成婚第二年，其父受新旧党争之累，被贬出京师。4年后，赵明诚的父亲被罢黜，不久后病故。赵明诚夫妇不得已离开京师，前往赵氏在青州的私宅。

时值秋季，万物萧疏，李清照跟在丈夫身后，遥想数年前，两人在汴京成婚的情景，仿佛就在昨天。然而，时过境迁，家族的败落已不可避免，犹如几百年后《红楼梦》里说的，"忽喇喇似大厦倾""终有个家亡人散各奔腾"。

随着先辈们的先后谢世，赵、李二人逐渐成为彼此生活的依靠，李清照也真正完成了由"李小姐"到"赵夫人"的转变。

在青州屏居乡里十载，李清照与丈夫聚少离多，回忆起新婚伊始的欢乐，此刻的心境可想而知。面对负笈远游的夫君，李清照以一首词表达了自己的内心。

红藕香残玉簟秋。轻解罗裳，独上兰舟。云中谁寄锦书来，雁字回时，月满西楼。

花自飘零水自流。一种相思，两处闲愁。此情无计可消除，才下眉头，却上心头。

《一剪梅·红藕香残玉簟秋》

词风的转变对应着人生的悲欢。

李清照与丈夫虽然恩爱幸福，但是几年下来，却未能生下子女，于是只能默许赵明诚纳妾了。

1126 年，赵明诚任淄州知府，李清照随行。1127 年，金人大举南侵，徽、钦二帝皆被掳北去，北宋朝廷崩溃。3 月，赵明诚南下为母奔丧。8 月，任江宁知府兼江东经制副使。

随着北方形势越来越紧张，李清照不得不开始甄选收藏准备南下："既长物不能尽载，乃先去书之重大印本者，又去画之多幅者，又去古器之无款识者。后又去书之监本者，画之平常者，器之重大者。凡屡减去，尚载书十五车，至东海，连舻渡淮，又渡江，至建康。"(《金石录后序》) 建炎三年 (1129 年) 二月，金兵南下，身为江宁知府的赵明诚不但不率领全城百姓抵抗贼寇，反而弃城而逃。李清照无奈，跟随丈夫沿江而上，驶往江西。路过乌江镇时，李清照以一首《夏日绝句》凭吊了在此自刎的楚霸王。

> 生当作人杰，死亦为鬼雄。
> 至今思项羽，不肯过江东。

5月，赵明诚被任命为湖州知府。因独自赴任，途中染病，8月病逝于建康。

葬毕夫君，李清照大病了一场。带着一船丈夫的遗物，李清照辗转江南各地，兵燹连连的岁月里，这些遗物大半也随着战火灰飞烟灭了。孤苦无依中，李清照选择再嫁张汝舟。

她唯一在意的，是与往日夫君携手一生积攒下的金石收藏，那是她最后的寄托了。然而，张汝舟也在惦记着这些宝物，他与李清照结合的真实目的正在于此。李清照并不在乎他对自己如何，但当她发现张汝舟的真实企图后，便果断终止了这场荒唐的婚姻。

梦里醒来，望着镜中增生的白发，记忆里曾经那个少女渐行渐远，屏居时的惬意，汴京城的风光，恍若隔世。回忆，此刻已占据了她生命的全部，李清照晚年的词风也由此发生了巨大的转变。

> 寻寻觅觅，冷冷清清，凄凄惨惨戚戚。乍暖还寒时候，最难将息。三杯两盏淡酒，怎敌他、晚来风急！雁过也，正伤心，却是旧时相识。满地黄花堆积，憔悴损，如今有谁堪摘？守着窗儿独自，怎生得黑！梧桐更兼细雨，到黄昏、点点滴滴。这次第，怎一个愁字了得！
>
> 《声声慢·寻寻觅觅》

经历过婚变的李清照，似乎变得更加坚强了。她把全部的心血，都用在了整理丈夫的遗作上，最终著成了《金石录后序》。绍兴二十五年，73岁的李清照，在江南度过了她最后的时光。

李清照的一生，是颠沛曲折的一生，见证了大宋王朝由盛到衰的社会变动，亲历了两宋交替、国破家亡的人生离合。诚如《二安词话》中所言："李清照的出现是一个真正的奇迹。'两宋'因为她，该婉约时婉约，该豪放时豪放，凹凸有了致。"[15]

孟元老，记录下汴京城的点点滴滴

与李清照同时期的南渡文人还有很多，孟元老就是其中一位。

绍兴十七年（1147年），历经20年的创作，《东京梦华录》终于撰成。暮年的孟元老把自己所有的心血都赋予了这部书，他结合自己的亲身经历，将大宋最好的历史定格在这部书中。

曾经在汴京居住20年之久的孟元老，对那片繁华的热土有一种至死不渝的归属感。南渡以来，他没有一天不在怀念故国，生怕把任何的片段遗忘，于是，他创作了这部书。

《东京梦华录》详细记载了徽宗年间汴京城的各方面情况，包括城内的街坊、酒楼店铺、夜市勾栏、官署皇宫，以及每一条重要的街道和桥梁，内外城墙与护城河的情况。从大内到市井，从酷暑到寒冬，这部书记录了歌舞优伶，也记录了达官显贵，描绘了汴河春色，也写下了金

---

[15] 简墨：《二安词话》，济南出版社2012年版，第2页。

明秋景。这是一部记载岁月的日历，也是一本描绘人生的大书，五行八作，包罗万象，孟元老把他看到的、听到的、记忆中的汴京城详细地记录下来，为后人了解那座瑰丽的城市提供了可能。

《东京梦华录》与《清明上河图》描绘的时间段大致相同，故而，两部作品又被称为"姊妹篇"。《新唐书·杨绾传》曰："独处一室，左图右史。"如果说前者是后者的注脚，后者则是前者最好的配图。孟元老和张择端，用一部书和一幅画，为我们讲述了那个伟大的时代。

东风夜放花千树

北宋汴京，之所以是一座伟大的城市，不仅因为它宏伟的宫殿、高耸的楼阁、繁华的街市、壮阔的庙宇，更因为在那个繁花锦簇，人才济济的时代里，无数"文苑英华"汇聚在这里，如同东风夜放花千树般，照耀着群星璀璨的夜空，点亮了三百余年的历史。

开封府的包青天

提起开封府，人们总会想到那位熟悉的人物，他是大公无私的象征，也是千百年来开封人崇敬的历史人物，他就是京剧《铡美案》里铁面无私的黑脸包公——包青天。

宋仁宗嘉祐元年（1056年），57岁的包拯迁升右司郎中，权知开封府，成为地地道道的京城百姓父母官。在此之前，包拯孝廉的美名已经流传许久，人们对他在端州任职时"不持一砚归"的事迹十分钦佩，而他善于断案，施政清明的美名也广为流传，故而得到了老百姓的衷心爱戴。

在开封府的任上，包拯大刀阔斧地推行诉讼改革，整顿吏治。鉴于

包公像

此前百姓申冤状告无法面呈长官的弊端，包拯规定，开封府正门必须大开，状告者如有冤情可当堂纳状，陈诉冤屈，门吏不得阻拦，从而使得审判更加公正公开。

京城之地藏龙卧虎，我们从《清明上河图》就能看到，各处繁花锦簇的酒楼街道经常可以看到达官显宦。面对这一复杂局面，素以"立朝刚毅"著称的包拯丝毫不为所动，遇到案件，凡私下请托者一概严词拒绝，令行禁止，真正做到了"王子犯法与庶民同罪"。故而，"贵戚宦官为之敛手，闻者皆惮之"（《宋史·包拯传》）。

包拯之所以能做到"执法如山"，就是因为他严于律己，从自身做起，立朝守正，不仅是宋代官员的楷模，也成为后世崇敬的道德模范。不过可惜的是，《清明上河图》并没有画出包拯曾经任职过的开封府，这多少留下了一点遗憾。

为官一任，造福一方，除了断案公正严明，包拯在开封府任上还主持了疏浚惠民河（蔡河）的工程。《清明上河图》为我们展示了开封府汴河两岸的情况。事实上，惠民河作为流经汴京的另一条大河，也同样承担着繁忙的水运任务。但是，因为河两岸的过度开发，酒楼、饭庄、水榭、花园等无序建设，造成河道拥挤，水患频发。包拯力排众议，下令将这些违规建筑全部拆除，此举虽然触犯了权贵的利益，但是从此保证了惠民河水流畅通，水患消除，为下游百姓造福良多。如今，人们可以从《包孝肃公奏议》中阅读包拯一生的文牍、奏表。

开封城与包青天的这段不解之缘，为这座城市增添了无尽的魅力和思考。

司马光与《资治通鉴》

包拯晚年在开封府任职期间，有一位比自己小20岁的下属引起了包拯的注意。这位下属名叫司马光，任开封府推官，时年39岁。

在中国，司马光砸缸的故事可谓妇孺皆知。7岁时的这件往事，让年少的司马光一举成名。宝元元年（1038年），20岁的司马光考中进士，从此步入仕途。经过十余年地方官的任职，嘉祐三年（1058年），39岁的司马光终于回到汴京。此后，司马光得以充分施展自己的才华抱负，继而升任翰林学士，官至御史中丞。

然而，年轻的神宗皇帝继位后，对司马光的保守主张并不欣赏，反倒大力提拔之前因要求变法而遭贬的王安石，掀起了轰轰烈烈的王安石变法。面对变法中越来越显露的弊病，司马光愤而在朝堂上同王安石大声争辩，尤其是王安石力主推行的"青苗法"，把二人的矛盾推向了高峰。司马光深刻感受到这一系列不切实际的变法主张会给国家和百姓带来深重灾难，但是他的意见却得不到宋神宗的支持，万念俱灰下，司马光自请调离京城，退出朝廷中枢。

其实，司马光深知大宋面临的隐忧，但是与王安石惯用"猛药"不同，他主张"温补"。因为他知道，此刻的大宋犹如一位百病缠身的病人，不能期待一夜之间的振奋，而只能用稳妥的办法徐徐调养。思考中，身后繁华的汴京城渐渐远去，马车驶向洛阳。

此后15年间，司马光在洛阳把英宗时期所著的《通志》加以撰写。全书以时间为轴，上起周威烈王二十三年（前403年），下至周世宗显德六年（959年），共计1362年的历史。至元丰七年（1084年），这部辉煌的史学著作终于完成。66岁的司马光把此书呈现给神宗，宋神宗阅后大喜，以其"有鉴于往事，以资于治道"赐名《资治通鉴》。梁启超曾评价此书："其结构之宏伟，其取材之丰赡，使后世有欲著通史者，势不能不据以为蓝本，而至今卒未有能愈之者焉。"作为编年体宏图巨作，《资治通鉴》以其崇高的历史地位，与《史记》并称为"史学双璧"，司马光也因为这部书彪炳千秋。

沈括与《梦溪笔谈》

除了众多文学家、史学家，北宋也不乏闪耀着理性光辉的科学家。沈括，就是其中的一位。

受家学渊源的影响，少年时代的沈括就喜好读书，酷爱钻研学问。嘉祐八年（1063年），32岁的沈括进士及第，初入仕途。在京师做官期间，沈括参与了详订浑天仪的工作，并于闲暇时间研究天文历法。后来受到王安石的重用，主持汴河的疏浚工程。与传统科举制下培养的文官不同，沈括精通天文历法，数术运算。后来，沈括相继主持了众多水利工程的修缮和司天监的工作，"始置浑仪、景表、五壶浮漏，招卫朴造新历，募天下上太史占书，杂用士人，分方技科为五，后皆施用"（《宋史·沈括传》）。在王安石变法期间，沈括在军事和财政方面提出了诸多有益的建议，得到了宋神宗的嘉许。

宋朝的科技发展是中国古代的一次高峰，传统的四大发明中，有三个出现在宋朝，以沈括为代表的发明家们为宋朝的科技进步做出了很大的贡献。在《清明上河图》中，立在河岸边的高杆上有一个奇特的装置。仔细观察可以发现，上面鸟形构件与下面的十字花构件共同组成了一个十分精巧的测风仪。测风仪为穿梭在汴河上的槽船提供了风向服务，人们通过观察鸟头的指向就能知道当日的风向。这是宋人科技智慧的结晶，我们不能不感叹古人的智慧。

熙宁八年（1075年），沈括奉命出使辽国。通过列举证据，与辽国宰相据理力争，最终迫使辽国放弃了边界划定中的无理主张，缓和了两

河岸上的测风仪　　（宋）张择端《清明上河图》（局部）

国关系。后来，沈括把这次出使的见闻绘制成《使契丹图》，成为中国历史上最早的立体地图。

　　元丰三年（1080年），沈括任职延州，开始了戍守边境，抵御西夏的戎马生涯。然而，天不遂人愿，兵败永乐城，沈括再次遭贬，结束了两年多的戍边生涯。元祐三年（1088年），经过三载心血的努力，沈括终于编订完成了《天下郡县图》。第二年，年老体弱的沈括举家搬至润州梦溪园，自此隐居，不问政事。晚年的沈括，把一生的才华和阅历都凝结在一本书中，这便是被后世称作"中国科学史上的里程碑"的著作——《梦溪笔谈》。

《梦溪笔谈》分为《笔谈》《补笔谈》《续笔谈》三个部分，收录了沈括一生的见闻和知识的精华。三部分内容分别涉及了天文、地理、气象、历法、物理、化学、地质、生物、建筑、农业、水利、医药、文学、历史、艺术、军事、律令等各方面的内容，堪称百科全书式的知识汇总。《梦溪笔谈》最大的贡献在于天文历法、地学、物候学等领域，书中记载的很多知识对今天的人仍有启迪。特别是其中对石油的记载："鄜、延境内有石油，旧说'高奴县出脂水'，即此也……此物后必大行于世，自余始为之。"由此可知，沈括早在一千年前的北宋时代就曾预言了石油在未来的巨大潜力，这也是"石油"一词最早的出处。另外，《梦溪笔谈》还详细记载了北宋庆历年间毕昇总结出的活字印刷术。活字印刷术作为四大发明之一，至今影响着人类世界。

陆游，铁马冰河入梦来

绍兴二十五年，一代词宗李清照溘然长逝。同年，正值而立的陆游第一次步入了仕途。本以为能够大干一场实现抱负的陆游很快发现，南宋朝廷上下，已经习惯了烟雨温柔的江南，曾经的北伐锐气已然消磨殆尽。

深感报国无门的陆游，只得一次次地提出建议，然而，他的建议又一次次地被人束之高阁。"隆兴和议"后，因建言迁都建康再次被贬。

乾道五年（1169年），赋闲已久的陆游被任命夔州通判，接到委任后的他沿江而上，开始了他近十年的蜀中生涯。在这里，他写下了著名的《入蜀记》，也留下了悲壮的《关山月》《长歌行》。自号"放翁"的他，面对朝廷内的投降派、主和派，针锋相对，毫不妥协。无奈，习惯了偏安一隅的南宋根本不想再起波澜，任何主战的呼声都被淹没在歌舞升平的西湖烟雨之中。陆游清楚地知道，一个人的声音在大环境下是多么微不足道，诚可谓"众人皆醉我独醒"，自己内心的痛苦，或许只有好友范成大才能读懂一二。

尼采说："更高级的哲人独处着，这并不是因为他想孤独，而是因为在他的周围找不到他的同类。"陆游之于他所处的时代，是孤独的，对于此，他已无话可说。晚年的陆游，把所有的经历都用在了编修国史的工作中，或许，这是他能为这个时代做的最后一点事情了。

嘉泰四年（1204年），陆游在临安见到了进京述职的辛弃疾，两位风烛残年的老人相聚，感慨万千。正所谓"烈士暮年，壮心不已"，陆游作《送辛幼安殿撰造朝》赠给辛弃疾，希望他的北伐壮举能够早日实现。

然而天不遂人愿，随着韩侂胄北伐的失败，南宋朝廷签下了屈辱的"嘉定和议"，默认了故都的沦陷，听到这些消息，陆游彻底失望了。嘉定二年秋（1209年），85岁的陆游走到了人生的尽头。临终之际，陆游依然畅想着有朝一日王师北定，中原恢复，他以一首《示儿》写给子孙，写给那个他已然看不到的时代，抑或是他留给时光的最后道别。

死去元知万事空，但悲不见九州同。
王师北定中原日，家祭无忘告乃翁。

陆游生于靖康之难发生的前两年，一生经历了太多坎坷。然而，北伐中原，恢复旧疆始终是他孜孜追求的目标。但他一生梦寐以求的中原故土，汴州繁华，却始终未能亲眼看到，而那个写在史书里的名词，却成为这位爱国诗人毕生奋斗的信念。家国天下，有时只是一个浅浅的符号，即使从未见过，却能超越地理的框限，唤醒内心最强烈的感情。

辛弃疾，醉里挑灯看剑

与陆游不同，辛弃疾生于北方的金国，他亲眼看到过"宝马雕车香满路"的汴京。只是身为遗民的他，看到物是人非的故都山水，心中滋味难以释怀。如果说中原故国是陆游的精神故乡，那之于辛弃疾，便是他20岁以前记忆的全部了。绍兴三十一年（1161年），金主完颜亮率军大举侵宋。21岁的辛弃疾，在金国的大后方参加了耿京领导的起义军，给金人造成了沉重的打击。起义失败后，年轻的辛弃疾来到南方，在这片陌生的土地上开始了自己崭新的人生。

初到江南，性格直爽的辛弃疾仿佛与这片土地有些格格不入。他一次次地上书北伐，却始终得不到重用。虽然一身的抱负与才华，却因"归正人"的尴尬身份难以升迁。"舞榭歌台，风流总被雨打风吹去。"多少豪情壮志都被蹉跎在这江南温柔的烟雨中了。经历过无数挫折的辛弃疾此刻才明白了自己的处境，于中原，自己已没有家，于江南，自己却仍是客。

于是，"虚负凌云万丈才，一生襟抱未曾开"的辛稼轩只得把一腔悲愤付诸在自己的诗词中。淳熙十五年（1188年）冬天，年近半百的辛弃疾在铅山瓢泉与好友陈亮相见，写下了这首气壮山河的《破阵子》。

醉里挑灯看剑，梦回吹角连营。八百里分麾下炙，五十弦翻塞外声，沙场秋点兵。

马作的卢飞快，弓如霹雳弦惊。了却君王天下事，赢得生前身后名。可怜白发生！

"西北望长安，可怜无数山"，开禧三年（1207年）秋，68岁的辛弃疾病逝于江西铅山，弥留之际，仍然大呼："杀贼！杀贼！"

《清明上河图》真迹的坎坷身世

北宋建中靖国元年（1101年），张择端完成《清明上河图》并呈送宋徽宗，宋徽宗赵佶对此图尤为喜爱。后来，宋徽宗将《清明上河图》赐给了向太后的弟弟。1127年，靖康之变后，向氏族人多身死，《清明上河图》也被金人掠走，从此流落民间。

金朝，《清明上河图》不断被名家收藏，张著、张公药等先后在图上做了题跋。元代，此图被收入内府，后被官匠偷换出宫，再次流落民间。

明代，《清明上河图》为大理寺卿朱鹤坡收藏。弘治年间，又被大学士徐溥所收，后转赠大学士李东阳。明嘉靖三年（1524年），兵部尚书陆完得此图，并作题记。之后辗转入大学士严嵩家。后值严党倒台，流落民间数百年的《清明上河图》再次归入大内。

明万历六年（1578年），《清明上河图》落入司礼监太监冯保之手。清军入关后，此图先后为陆费墀、毕沅等珍藏。清嘉庆四年（1799年），毕沅受和珅案连累，虽已去世，仍被嘉庆帝下令褫夺世职，籍没家产。《清明上河图》由此进入皇宫。

辛亥革命后，《清明上河图》同许多清宫珍藏书画一道，被末代皇帝溥仪以赏赐为名带出宫，流转至天津租界。

1932年，溥仪被立为伪满洲国傀儡皇帝，这幅传世名画遂被带往长春，存于伪皇宫内。

1945年，伪满洲国覆灭，包括《清明上河图》在内的大批珍贵文物再次流入民间，幸被发现并收入东北博物馆，后转入北京故宫博物院珍藏至今。

事实上，现存以《清明上河图》为名的风俗画作共有30余幅，比较著名的有3幅，即明代仇英创作的明版《清明上河图》，清乾隆元年由宫廷画师绘制的清院本《清明上河图》，再就是与清嘉庆四年呈递入宫的石渠宝笈三编本《清明上河图》。

参考文献

［1］聂崇岐：《宋史丛考》，中华书局1980年版。

［2］中国硅酸盐学会编：《中国陶瓷史》，文物出版社1982年版。

［3］钱穆：《理学与艺术，宋史研究集》第7辑，台湾书局1974年版。

［4］王曾瑜：《宋朝阶级结构》，河北教育出版社1996年版。

［5］梁思成：《中国建筑史》，生活・读书・新知三联书店2016年版。

［6］白寿彝：《中国通史》第7卷，上海人民出版社1999年版。

［7］翦伯赞：《中国史纲要》，北京大学出版社2006年版。

［8］向斯：《皇朝天运》，中国工人出版社2007年版。

［9］孙培青：《中国教育史》，华东师范大学出版社2000年版。

［10］漆侠：《宋代经济史》，中华书局2009年版。

［11］简墨：《二安词话》，济南出版社2012年版。

［12］国家图书馆编：《丝绸中的记忆》，国家图书馆出版社2013年版。

［13］马未都：《瓷之纹》，故宫出版社2013年版。

［14］包伟民：《宋代城市研究》，中华书局2014年版。

［15］内藤湖南著，林晓光译：《东洋文化史研究》，复旦大学出版社2016年版。

［16］林正秋：宋代菜肴特点深讨［J］.《杭州商学院学报》1987年第1期。

［17 ］河浚：《北宋汴京上善门考——关于<清明上河图>中的城楼》，《史学月刊》1991年第2期。

［18］杨志翠：《浅谈中国风俗画的发展》，《川北教育学院学报》1998年第3期。

［19］程民生：《略论宋代市民文艺的特点》，《史学月刊》1998年第6期。

［20］邱庞同：《菜肴风味流派述略——<中国菜肴史>节选》，《大学烹饪学报》2002年第1期。

［21］包柏成：《对<清明上河图>的四大追问》，《中国书画》杂志2007年第8期。

［22］林册：《宋代的书铺与科举》，《文史知识》杂志2009年第10期。

［23］李华瑞：《"唐宋变革"论的由来与发展（下）》，《河北学刊》2010年第5期。

［24］马奔：《宋代风俗画艺术特色初探》，西北师范大学美术学硕士论文，2010年。

鸣 谢

开封博物馆

李清照纪念堂

图书在版编目（CIP）数据

清明上河图里的宋代生活 / 运笔成金著. -- 北京：
五洲传播出版社, 2022.1（2025.6重印）
　ISBN 978-7-5085-4727-5

　Ⅰ. ①清… Ⅱ. ①运… Ⅲ. ①社会生活－历史－中国
－宋代 Ⅳ. ①D691.9

　中国版本图书馆CIP数据核字(2021)第228991号

作　　　者：运笔成金
地图绘制：刘凤玖
图　　　片：运笔成金　图虫创意/Adobe Stock　视觉中国
出 版 人：关　宏
责任编辑：梁　媛
装帧设计：青芒时代

清明上河图里的宋代生活
出版发行：五洲传播出版社
地　　　址：北京市海淀区北三环中路 31 号生产力大楼B座6层
邮　　　编：100088
电　　　话：010-82005927，82007837
网　　　址：www.cicc.org.cn, www.thatsbook.com
印　　　刷：北京市房山腾龙印刷厂
版　　　次：2022 年 1 月第 1 版第 1 次印刷　2025 年 6 月第 1 版第 3 次印刷
开　　　本：787mm×1092mm　1/16
印　　　张：11.25
字　　　数：160千
定　　　价：68.00元